美味と健康を支える魅惑のオリーブオイルの世界

オリーブオイルがある暮らし

有元葉子

目次

［本書の使い方］
★計量単位は、1カップ＝200㎖、大さじ1＝15㎖、小さじ1＝5㎖、1合＝180㎖です。
★オリーブオイルは、エクストラ・ヴァージン・オリーブオイルです。お気に入りのものを見つけてお使いください。塩は精製されていない自然のものをお使いください。

オリーブオイルそしてマルフーガとの出会い

イタリア中部に住む拠点を持って30年が経とうとしています。

その町をはじめて訪ねたとき、町はずれの駐車場で車のドアをあけた途端にミントの清冽《せいれつ》な香りが車内に押し寄せてきました。タイヤが野生のミントを踏みしだいたのでしょう。そこは石の壁に囲まれた四角い空間です。

石の壁からはケイパーが何本も垂れ下がり、美しい紫がかった長いおしべがフワフワした白い花が壁一面に咲き、ケイパーベリーもたくさんぶらさがっていました。

これが駐車場？　この瞬間に私はこの町が気に入りました。

この町で家探しをしよう、と決めて見つかったのが今の家、そうこうするうちにもう30年も住むことに。

こんなふうに始まったイタリア暮らし、初めは言葉も分からず、ましてやオリーブオイルのことなど知る由もありませんでした。

ある日近くの町のエノテカでふと見つけた一本のオリーブオイル、四角いボトルでなかなかセンスの良いラベルです。もしかしたら美味しいかも、と試しに一本買って帰りました。これがマルフーガとの出会いになるとはつゆ知らず。このオリーブオイルはまさに大当たり、でした。

ボトルにある住所を頼りに搾油所を訪ねると山の中腹にある一軒の家。ベルを押すと小さな搾油所のある庭に案内されました。小さな事務所で、オーナーのおじさんに日本の我が家にこのオリーブオイルを送ってほしいと依頼したのがおつきあいのはじまりです。このおじさんの名はエットレ・グラダッシさん。エットレさんの息子、今のオーナーのフランチェスコは父親の手伝いで日本に送る書類を一生懸命作ってくれたものです。

そのフランチェスコがのちにイタリア一のオリーブオイル会社のＣＥＯになるとは誰が思ったことでしょう。イタリア一というのは規模ではなくクオリティのこと。高品質を保つためには大規模にはできません。山から搾油所まで、オリーブの木を育てる人から山の管理、手入れ、収穫、搾油、その先のお客様の手に届くまで、すべての箇所に目を行き届かせるためにはちょうど良い規模が必要です。

その上マルフーガのオリーブオイルはごく

限られた特定の地域でしかできないものなのです。マルフーガのオリーブの木にとって最適な場所はここからここまで、とごく限られた範囲。ワインと同じです。最適な場所で、目と手の届く範囲で最高のものを作る、これがマルフーガの信条です。だから全幅の信頼をおけるのです。

美味しいオリーブオイルがあれば料理も自《おの》ずと美味しくなるため、私のまわりでもこのオリーブオイルに魅せられた友人知人が私も私も……と年々取り寄せる量が増えていく一方でした。かたや跡を継いだフランチェスコはますます高品質のオイル作りに没頭し、ついにはマルフーガはイタリア一の品質のオリーブオイルと評価されるようになりました。

オリーブオイル作りの時期が終わるとイタリア中で、そして世界中でオリーブオイルのコンテストが始まります。

今やマルフーガのオイルはトップの賞を毎年独り占め。しかし賞はあくまでも結果です。

最高品質のオリーブオイルを作るためのそれまでの凄まじいまでの情熱と努力があればこそ、結果として賞をとって当たり前のこと。私としては当然でしょ、とも思います。目的は賞ではなく最高品質のオリーブオイルを作ることなのですから。

私がぞっこんのマルフーガのオリーブオイルは生産地と品種、品質を限定し、格付けされた「DOP」と特別な山のモライオーロ種のみでできた「L'Affiorante」です。

毎年収穫時期になると、私はマルフーガを訪問しテイスティングをします。搾りたてのオリーブオイルはえも言われぬ美しい緑、表現が難しいほどの緑の美しさは例えようがありません（19ページ参照）。ゆっくりと手のひらで温めながら少量口に含んで感じてみます。

鼻に抜ける山の野草の香り、カルチョーフィ（アーティチョーク）の香り、アーモンドのような味わい、そして舌にピシッとくる辛みと舌の奥に感じる苦み。辛み苦みは、オリーブの皮や種に含まれているポリフェノール類などの多種多様な抗酸化物質の作用によるものです。オリーブオイルだけ口に含むと辛み苦みがあるけれど料理に使うと辛くも苦くもなく、これが食べ物を美味しくしてくれるものに変わるのはなんとも不思議です。

最高の品質に仕上げるためには、マルフーガならではの門外不出のプロセスがあります。練り具合や温度調節、その他もろもろの管理、全く非公開の絶妙な勘所を、フランチェスコは心血を注いで探り出しました。オリーブオイルの品質は酸度が大きな部分を占めます。限りなく低い酸度の維持が品質を保つうえで何よりも大切なこと。そのためにはどんな努力も惜しみません。

収穫には毎年決まったマルフーガ専属の人々が集まり、ベストな収穫時期を見定めて手摘みをしていきます。収穫した実は酸化させないため低温を保ったまますぐに搾る作業にかかります。収穫してすぐに搾らなくてはならないので、収穫時期は皆目の下にクマを作って徹夜で作業をするのです。いつもはスタイリッシュなフランチェスコもこの時ばかりは寝食を忘れて全身全霊で作業に没頭です。その様子を垣間見《かいまみ》ると背筋が伸びる思いがします。それもこれも最高の品質を保つためなのです。

マルフーガのオリーブオイルに偶然に出会えて長く共に来られたことは本当に幸運でした。

オリーブオイルは自然からの贈り物。年々気候が厳しくなるため不作の生産地が多くなり、それに伴って価格高騰もやむを得ないのが現状

です。野生イノシシが増えたことも問題に。世界中で起きている様々な問題はここでも同じ。オリーブオイルばかりでなく今まで当たり前のように身近にあった野菜や海産物も同じ運命を辿っています。美味しいものが食べられなくなったら……どうしましょう？　本当に心配です。

　自然条件ばかりではありません。あちこちで起こっている人間同士の争いも大きく関わっています。昨年は中東の紛争で紅海通過が困難に。希望峰回りになる、と一報が入りました。そこで私は急遽《きゅうきょ》航空機での輸送に変更しました。船に積む寸前のコンテナから慌ただしく、空港への輸送に変えるのは簡単なことではありませんでしたが、輸送費のことは言っていられません。品質の変化が何よりも心配だったからです。

　人間同士の争いも自然の変動と共に私たちの食べ物に大きな影響を及ぼすことを身近に感じました。人間が自分で自分の首をしめているようにしか思えません、なんと愚かなことかしら。美味しいオリーブオイルをいつまでも皆が楽しめるように、居心地良い地球になるように、人々が仲良くして、我々の住処《すみか》である地球をきれいに気持ちよく保たなくてはいけないと思います。

1

マルフーガのオリーブオイル

オリーブオイルとはどんなものかを知りましょう。
そして「オリーブオイルとはどんなもの?」がわかると、
食や健康の世界が広がります。

地域性と気候風土

ウンブリア州のこの地域は地中海に突き出した半島の背骨アペニン山脈の西側にあたり、日当たりがすこぶる良く、山頂を越えて吹き下ろす風が強くて害虫の被害は少ない地形です。太古の昔は海の底であった石灰岩土壌で、土はほとんどなく岩が崩れたサーモンピンク色の石ころがゴロゴロ。乾燥している冷涼な気候、標高が高く季節間・昼夜の寒暖差が激しい。そんな気候風土・土壌にはマルフーガのオリーブオイルの主軸であるモライオーロ種が適しています。岩に根を深く張り、実は小さくしっかりと枝にしがみついています。この気候と土壌とモライオーロのオリーブの木が三位一体となり、さらにマルフーガのたゆまぬ努力が素晴らしいオリーブオイルを生むのです。

抗酸化物質が非常に多くポリフェノール値が極めて高いのもこうした全ての条件がそろっているからです。最高の「L’Affiorante」にはモライオーロ種のみ、「ＤＯＰ」オリーブオイルにはモライオーロ種、レッチーノ種とフラントイオ種が使われています。

同じ品種でも気候風土で味が違うことを如実に感じたことがあります。オーストラリアのオリーブ農場を訪ねた時のことです。もともと砂漠だった地で、広大で全てが人工的な設備作業のもとに行われ、灌水《かんすい》については人工衛星で計測して必要とあれば適量の灌水をする、といった具合です。

モライオーロ種もありましたので試飲してみましたが、全く別物！　香りも味もない平板な油でした。

厳しい気候風土はオリーブの木に生き抜くための試練を与え、そこに合った樹種と自然条件が相まって、またそこに人々の努力が呼応して、マルフーガのオリーブオイルの素晴らしい風味がもたらされることを身をもって実感しました。

生の実から搾ったオイルはオリーブオイルの他にはありません。オリーブオイルは正にオリーブの果実のフレッシュジュースです。

他の油は主に種から取り、加熱することで搾油ができるのです。他の油とはここで一線を画すわけです。オリーブオイルは生のジュースだからこそ酸化させないためのコールドプレスを始めとする様々な手当てが必須となります。

MARFUGA
Olivicoltori in Umbria dal 1817
BP 149CE

マルフーガのオリーブ畑の1年

12月後半～3月　オリーブ畑の手入れ

土壌の管理

晩秋、冬から春先に降る雨を土中にたっぷり蓄えるため、深く耕す。春から夏にかけてはその蓄えた水を行き渡らせるために時折軽く耕す。

オリーブの樹の剪定《せんてい》

新しい芽が出る前に行う。実がつく枝を見極め、不要な枝を落とす。経験が必要な難しい作業。

施肥

健康な実をたっぷりつけさせるために肥料を与える。オーガニック栽培を実践する畑では緑肥を使う。

灌漑《かんがい》

夏に旱魃《かんばつ》を起こしやすい風土の場合、灌漑システムは不可欠。特に若い木は早めに対策する。

4月　花芽が出る時期

蕾《つぼみ》

ミニョーラと呼ばれるオリーブの蕾は、葡萄《ぶどう》の房のように数個から十数個が集まるので、一つの花芽のように見える。この中から実まで成長するのは1個程度ととても少ない。低温に弱く、気温が10℃を下回ると死んでしまう。

5月～6月　開花と受粉の時期

開花

ごく小さく目立たない白い花が咲くのは5月から6月にかけて。開花期間は10日間ほど。

受粉

ごくわずかな花だけが受粉し、やがて実となる。自家受粉できるわずかな品種を除いて、ほとんどの品種は風による受粉に頼る。空気が乾いて風が吹き、気温15℃程度が受粉の理想的な環境。

7月～　実の成長の時期

病害虫対策

元来、オリーブ栽培に適する乾燥した環境では、病気の心配はあまりない。問題は虫で、害虫が産みつけた卵が孵化してその幼虫が実の中に入り込むのを防ぐため、孵化する直前に薬剤を散布する。また、オーガニック栽培を実践する場合、成虫を罠に誘い込んで退治することで産卵そのものを阻止する方法もある。

9月　収穫にむけて

色づきと熟成

9月になると、実は緑色から薄紫色、そして濃い紫色へと変わる。色の変化は表皮から始まり、次第に中へと進んでいく。色が変わり始めると、実の中の水分は徐々に減っていき、同時に果実に含まれるオレイン酸

などの脂肪酸の量や脂肪酸構成、ポリフェノールなどの抗酸化物質の量も変化していく。色が変わる前に収穫（早摘）すると青くフレッシュな香りのオイルがとれるが、完熟した実を搾油すると、香りの複雑さが失われ、味わいがマイルドなオイルとなる。またオイルの収量は、早摘の場合は少なく、熟した実からはより多くのオイルが確保できる。つまり、どの時点で収穫するかはとても重要なポイント。しかし、熟成は実ごとにバラバラで、一本の木に緑、紫、黒とさまざまな熟成度合いの実が同居することも。目指すオイルの風味と収量を天秤にかけながら、収穫のタイミングを見極めなければならない。

9月末～11月 収穫と搾油

収穫、運搬、除葉、洗浄、破砕、練り、遠心分離抽出、濾過《ろか》という工程が、収穫期は毎日続く。その日収穫した分はその日のうちに搾油しなければならないため、作業は深夜に及ぶ。

12月半ば～ 瓶詰め

抽出したオイルは味・香りが安定していないため、1か月ほど清潔なステンレスタンクに静置する。その後、瓶詰めを行う。

（池田愛美）

収穫

MARFUGA CEO Francesco Gradassi

ウンブリア州、とりわけアッシジからスポレートに至る丘陵地帯は、オリーブの実が非常にゆっくり熟すという特別な気候条件に恵まれた土地です。土壌として特に重要なのは丘の上方、山脈[＊1]の裾野にあたる地域です。複雑な構造を持つ石灰質土壌で水はけが良く、オリーブの木はその根を地中深く張り巡らせることができます。

　ウンブリア州のオリーブは、農業の観点だけでなく、水文《すいもん》地質学的、景観、文化の観点からも非常に重要な役割を果たしてきました。13世紀以降、スペッロ、トレヴィ、特にカンペッロ・スル・クリトゥンノ[＊2]では、高低差の激しい急傾斜の土地に段々畑を整備するため、セメントを使わずに石を積み上げるムーロ・ア・セッコという石垣工法を取り入れ、オリーブの木の根元にルネッタと呼ばれる土塁を築いて補強するなどの工夫が施されてきました。こうして独特なオリーブ畑の景色が完成したのです。

　この地域を、私はよくワインにおけるシャンパーニュ地方に例えるのですが、彼《か》の地と同じように、特有の気候、土壌、品種のおかげで、稀有《けう》なエクストラ・ヴァージン・オリーブオイルの産地としてその名を知られるようになったと考えています。

　実際、この地域で生産されるのは、化学的な観点からみても、酸度が低く、オレイン酸の値が高く、何よりポリフェノールなどの抗酸化物質を豊富に含んだ、唯一無二のエクストラ・ヴァージン・オリーブオイルであり、もはやオイル（油）の枠を越えたと言ってもいいでしょう。私たちの生命に必要な栄養素をもたらすだけでなく、健康増進に貢献しています。

　この丘陵地帯で広く普及しているのはモライオーロという品種です。何世紀にもわたって、冷涼な大陸性気候（オリーブの実につく害虫が生息しにくい）、土壌の特性、独自の栽培技術（農薬に頼らない）といった環境に組み込まれ、よその土地では再現不可能な高い品質を生み出すに至りました。モライオーロの結実量は多くはなく、1本の木から収穫できるのは平均して15kgほどです。

　こうした特徴的な気候風土に加え、人間の貢献も不可欠です。まず第一に、オリーブを収穫しなければオイルは生まれません。そのタイミングは、かつてのようにオリーブが完熟するまで待つことはありません。熟し始めた時、つまり、実がまだ緑色か、紫色に変わり始めたところを収穫するのは、現代では常識です。そして収穫は、優れたエクストラ・ヴァージン・オリーブオイルを得る基本的なステップですから、伝統的な手摘みを行います。つまり、オリーブの枝を1本1本櫛《くし》のような道具で梳《す》いて、地面に敷いたネットの上に実を落とします。

＊1　イタリアを南北に貫くアペニン山脈。ウンブリア州の中央から東にかけてはアペニン山脈とその麓地帯にあたる。
＊2　マルフーガの畑がある土地の名称。

収穫したオリーブは、その鮮度を保つために最大容量15kgの通気性の良いカゴに入れて、日光に当たらないよう注意しながら、搾油場へと運びます。

しかし、こうした作業は手間がかかり、最終的にできるオイルの1ℓ当たりのコストに跳ね返ります。そして、作業員1人が収穫できる量は平均して80〜100kg、最盛期でも100〜130kgと限られていることもコストに影響します。

手摘みによる収穫は、経済的な観点からすると高コストではありますが、オリーブが搾油場で加工されるまで無傷で健康な状態を保てるため、結果として非常に高い品質にたどり着くことができるのです。

（原文は20ページ　池田愛美訳）

搾油場での仕事

MARFUGA CEO Francesco Gradassi

　搾油場に運ばれたオリーブは、カゴに入れたまますぐに温度約10℃に設定された冷蔵保管庫に移されます。酸化と発酵を防ぎ、可能な限り安定した新鮮な状態を保つためです。

　搾油場の仕事は毎日午後5時頃、つまり40人の収穫作業員が1日の収穫を終える頃に始まります。搾油場の稼働は10月から12月まで。ウンブリア州では近年10月に入っても、日中の外気温は常に25℃を超えます。それでも、夕方からは外気温が下がり始めるので、その時間帯に搾油を開始するのです。温度は、すべての作業工程において大きな影響を与えます。

　冷蔵保管庫で冷やされたオリーブは、熟成具合に基づいて慎重かつ厳格に選別し、次のように搾油作業を進めます。

1

専用機にオリーブを投入し、収穫時に混ざった葉や小枝を完全に取り除く。

2

洗浄機内に移し、流水によって土やほこりなどを取り除く。

3

冷風を当てて乾かす。

4

異なる特徴を持つ高性能な破砕機2機を使ってオリーブを破砕する。どのような破砕機を使うかによって、でき上がるオイルの風味は変わる。

5

種も含んだオリーブペーストを内部にリールを備えた機械に移し、グラモラトゥーラと呼ばれる練りの工程を行う。この工程ではリポキシゲナーゼ[*1]による変化、つまりオリーブを構成する成分（水、オイル、酸素、酵素）の相互作用が起こる。高品質のオイルを得るためには非常に重要な工程であり、この工程の時間を決定する担当者には相応の技量が求められる。

6

ペーストを4650rpmで回転する水平遠心分離機に移し、成分（オリーブの水分、搾りかす、オイル）の異なる比重を利用して、オイルとそれ以外を抽出する。

7

抽出したオイルを、まず垂直遠心分離機にかけて粘液[*2]や不純物を取り除き、次にセルロース製の厚紙を使ったフィルターにかけて、オイルに輝きを与え、透明度を高める。また、発酵して化学的品質と官能的品質の両方にダメージを与える可能性のある残留物を取り除くことで、長期間品質の安定したエクストラ・ヴァージン・オリーブオイルを得ることができる。

8

完成したオイルは、年間を通して15℃から20℃の一定した温度下、光を遮断した環境で、酸化による劣化を防ぐために窒素またはアルゴンのみ充填したステンレスタンクで保管する。

（原文は21ページ　池田愛美訳）

＊1　リポキシゲナーゼは、リノール酸、α-リノレン酸代謝酵素の一つで、酸化還元反応を触媒する。
＊2　主にオリーブの皮。

LA RACCOLTA

Gli ulivi coltivati in Umbria e in particolare nella fascia collinare che va da Assisi a Spoleto, godono di particolari condizioni climatiche che consentono una maturazione del frutto, molto lenta.

Particolare importanza è attribuita ai terreni situati in collina per lo più in fasce pedemontane: terreni calcarei, ricchi di struttura ed elevata permeabilità che lasciano penetrare agevolmente le radici dell'ulivo. L'olivo in Umbria, oltre che dal punto di vista agricolo, ha una notevole importanza dal punto di vista idrogeologico, paesaggistico e culturale. Nel passato (XIII Sec.), a Spello, Trevi ed in particolare nel Comune di Campello sul Clitunno, la coltivazione con dislivelli e pendenze estreme, ha comportato la realizzazione di muri a secco per l'esecuzione di terrazzamenti e "lunette" di contenimento della terra intorno alle piante che contribuiscono a creare un paesaggio ancor più suggestivo e particolare.

Questa fascia collinare, che io paragono alla Regione dello Champagne per i vini, è decisamente famoso per il suo olio extravergine d'oliva, grazie al particolare microclima, alle caratteristiche del terreno e alle sue cultivar.

Infatti è qui e solamente in questa zona che si producono degli oli extravergini unici ed irripetibili sia dal punto di vista chimico, con acidità basse, un ottimo valore di acido oleico e soprattutto una ricchezza di polifenoli unica, tanto da definire l'olio extravergine in queste zone un prodotto nutraceutico.

Un alimento nutraceutico è quell'alimento che oltre a nutrirci è in grado di fornire benefici alla nostra salute.

La varietà MORAIOLO è la cultivar prevalente in questa fascia collinare. Inserita da molti secoli in questo ambiente con un clima continentale freddo (che rende quasi impossibile l'attacco della mosca olearia), le caratteristiche del terreno e le tecniche di coltivazione (senza ricorso a trattamenti a base di fitofarmaci), contribuiscono al raggiungimento di vertici qualitativi irripetibili in qualsiasi altro ambiente. Le piante del moraiolo hanno una vegetazione contenuta e mediamente ogni pianta produce intorno ai 15 kg per anno.

A questi dati pedoclimatici si deve aggiungere il contributo apportato dall'uomo. In primo luogo la raccolta delle olive: non si attende più che l'oliva pervenga al termine della maturazione naturale: si è ormai fatta generale la raccomandazione di raccoglierla quando giunge all'inizio della maturazione, cioè quando risulta ancora verde o semi-invaiata. La raccolta è un passaggio fondamentale per ottenere oli extravergini eccellenti. Le olive vengono raccolte con la tradizionale brucatura a mano, cioè con dei pettini che permettono all'operatore di pettinare ogni singolo ramo della pianta, facendo cadere nelle reti poste sul terreno, solamente le olive .

Il frutto raccolto viene riposto rigorosamente all'ombra e in delle piccole ceste forate che contegono massimo kg 15, per permettere al frutto di mantenersi il più possibile areato e fresco prima di essere trasportato in frantoio per la lavorazione.

Questo metodo di raccolta è molto costoso, poiché incide in maniera determinante su costo finale di un litro di olio. Basti pensare che ogni operatore raccoglie mediamente solo tra gli 80/100 kg in stagioni di produzione medie e tra i 100/130 kg in stagioni di produzioni ottime.

La raccolta per BRUCATURA A MANO, se pur molto dispendiosa dal punto di vista finanziario, incide però in maniera determinante per il raggiungimento di vertici qualitativi altissimi, poiché il frutto non riceve nessun trauma rimanendo integro e sano sino alla lavorazione in frantoio.

LA LAVORAZIONE IN FRANTOIO

All'arrivo in frantoio, le piccole casse forate contenenti le olive, vengono immediatamente messe all'interno di una cella frigo ad una temperatura intorno ai 10 gradi, per fermare la fermentazione ed ossidazione della drupe, rimanendo il più possibile stabili e fresche.

La lavorazione in frantoio inizia tutti i giorni intorno alle ore 17, cioè quando tutti i nostri 40 raccoglitori hanno terminato la giornata lavorativa.

Il periodo della lavorazione in frantoio viene effettuata nei mesi di ottobre, novembre e dicembre.

Il tardo pomeriggio è il periodo migliore per iniziare l'estrazione dell'olio perché le temperature esterne iniziano a scendere soprattutto in ottobre, dove in Umbria negli ultimi anni si sono attestate sempre oltre i 25 gradi.

La temperatura di lavorazione è determinante per ottenere olio extravergine di alta qualità.
Infatti le olive raccolte vengono raffreddate nella cella frigo e dopo un attenta e rigorosa selezione in base al grado di maturazione, iniziano loro percorso di lavorazione:

1 Le olive vengono passate all'interno di un macchinario che permette di togliere completamente foglie e ramoscelli caduti all'interno delle casse durante la raccolta.

2 Le olive in purezza entrano nella lavatrice, dove un flusso di acqua corrente, togli eventuali residui di terra e polvere.

3 Le olive vengono asciugate prima di essere frante con un flusso di aria fredda.

4 La frangitura delle olive può essere effettuata in due innovativi e tecnologici frangitori che hanno delle caratteristiche diverse nel modo di spaccare le olive. Dalla scelta del tipo di frangitore si possono ottenere oli con caratteristiche sensoriali diverse.

5 La fase della gramolazione, viene effettuata una volta ottenuta la pasta delle olive compreso il nocciolo, all'interno di vasche dotate di naspo interno per permettere la miscelazione della stessa. In questa fase, si attiva il processo della "Via delle Lipossigenasa", cioè l'interazione dei vari componenti delle olive (acqua, olio, ossigeno ed enzimi). Questa fase è molto importante per l'ottenimento di olio di altissima qualità e quindi il ruolo del frantoiano diventa molto importante nel determinare i tempi di questa fase.

6 Successivamente la pasta viene immessa nel separatore centrifugo orizzontale che lavora a 4650 giri/minuto, dove all'interno sfruttando il diverso peso specifico dei componenti (acqua di vegetazione, sansa ed olio) avviene la separazione.

7 L'olio extravergine ottenuto dalla centrifuga ha bisogno di essere prima ripulito da mucillagini ed impurità con un separatore centrifuga verticale, poi deve essere filtrato con cartoni di cellulosa per portare il prodotto ad una lucentezza e limpidità estrema. Questi passaggi sono fondamentali per ottenere oli extravergini, che abbiano poi una lunga stabilità nel tempo. L'extravergine così ottenuto, non contenendo più residui che con la fermentazione potrebbero inficiare sia le qualità chimiche e sia le qualità sensoriali dell'olio, avranno una più lunga stabilità.

8 L'olio extravergine così ottenuto, verrà stoccato all'interno di botti in acciaio inox in un locale che durante tutto l'anno ha una temperatura costante compreso tra i 15°e i 20°, privo di luce solare ed a contatto solamente con Azoto o Argon per non permettere di essere aggredito dall'ossidazione.

Francesco Gradassi,
MARFUGA CEO

搾りたてオリーブオイル・ノヴェッロのテイスティング

毎年の搾油時期にはかならずマルフーガを訪問します。

年ごとに状況は異なります。若い実がついたとたんに雹《ひょう》が降ったり、夏に雨が降らず干からびてしまったり、逆に今までにはなかった湿気で実が傷んだり、最近は野生の猪の害が増えたりと数々の難関が待ち構えているので気を抜くことはできません。

イタリアを代表する食の評価ガイドである「ガンベロロッソ」の記事にもあるように、マルフーガではこうした困難にあらゆる努力を惜しまず、世界一のクオリティのオイルを作っているとありますが、これは確かです。

こうしてできた搾りたてのオリーブオイル「ノヴェッロ」の試飲には格別の感動を覚えます。心を鎮めて静かにノヴェッロを感じるひと時は私にとっては年に一度のかけがえのない時間です。

ノヴェッロの時期はどこの搾油所でも、オープンに入って試飲ができるようにしてあったり、パンにオリーブオイルをかけて味見をすることができます。あちこちの搾油所を回って味比べを楽しめるのも、この時期ならではの楽しみです。

MARFUGA
M

マルフーガのオリーブオイルが美味しいわけ

DOP Umbria Colli Assisi-Spoleto
（DOPウンブリア・コッリ・アッシジ－スポレート）
モライオーロ種、フラントイオ種、レッチーノ種の3種が巧みにブレンドされた、山の野草やカルチョーフィの香り、アーモンドのような芳醇な味わいがあります。どんな料理に使っても美味。ガラスボトルと缶入りがあります。

L'Affiorante（アッフィオランテ）
モライオーロ種100％の限定中の限定オリーブオイルです。抗酸化物質ポリフェノール値が極めて高い特別のもの。もはやオイルとは言えないほど美味しくて体に良い、天からの雫のような存在です。

＊お問い合わせ先 SPACE A&CO info@arimotoyoko.com
世田谷区玉川田園調布2-13-17 TEL03-3722-7279

マルフーガのインスタグラムより、
受賞報告をチェック。
https://www.arimotoyoko.com
Instagram:marfuga_azienda_agraria

複雑な風味を生み出すのは、オリーブに含まれる多様な成分

オリーブの栽培から収穫、搾油、保管、瓶詰めに至る全ての工程において細心の注意を払うことで、オリーブオイルの質を高い水準に保っているのが、マルフーガのオリーブオイルの特徴です。酸度はDOP、アッフィオランテともに、平均して0・2％以下、一般的に250～350㎎／kgあれば良好とされるポリフェノール含有量は500～700㎎／kgと高い数値を毎年維持しています。清々しい青い草の香りとモライオーロ種由来のアーティチョークの香りを持ち、苦み・辛みは明快ですが、どちらかが突出することなくバランスが良いこと、そして、飲み込んだ後の香りの余韻が長いのも特徴です。そのまま味わうとやや刺激が強いと感じることもありますが、食材と合わせるとその刺激がおさまり、爽やかな香りとともに旨味が広がります。野菜のような繊細な食材には風味をプラスしながらまろやかさを与え、個性のはっきりした肉料理や豆料理にはそれに負けないしっかりとした味わいが立ち上る、万能なオイルです。

（池田愛美）

グラダッシ家の食卓

搾油作業で忙しいさなかでしたが、軽いランチをとグラダッシ家に招かれ、搾りたてのオリーブオイル・ノヴェッロを使った料理を味わいました。日本では垂涎《すいぜん》もののローカルなプロシュートやサラミの盛り合わせで、まずは冷えた白ワインで乾杯！　ノヴェッロを惜しげもなく使ったトマトソースのパスタとインサラータ。デザートはホームメイドのクロスタータです。

とてもシンプルだからこそそれぞれの素材が選び抜かれ、そこに搾りたてのオリーブオイルがたっぷりと使われスッと身体に染み込む美味しさです。自家製ジャムのクロスタータにもノヴェッロをかけていただきました。

オリーブオイルの美味しさはいうまでもありませんが、気づいたのはサラダのビネガーの美味しさ。これは手作りのビネガーでした。夫人のフェデリカさんのお母さんから伝わった秘伝のビネガーの蔵も見せていただきました。

細部にもこだわった素材をシンプルに何気なく仕上げた料理ほど美味しいものはありません。そして、楽しいおしゃべりのある極上のランチタイムでした。

オリーブオイルの基礎知識　池田愛美

エクストラ・ヴァージン・オリーブオイルを選ぶ理由

オリーブオイルのラベルにはさまざまな情報が書かれています。日本に輸入されているオリーブオイルの場合、日本国が定める表示ルールに則ったラベルが裏側に貼付されていますが、そこからは品質を窺《うかが》い知ることはできません。しかし、その日本語表示以外の部分も、イタリアなどEU圏内の製品に義務付けられている表示だけでは、品質はわからないのです。唯一、確認できることは、「エクストラ・ヴァージン」か「ヴァージン」といったカテゴリー。このカテゴリーを手がかりに判断するしかありません。

エクストラ・ヴァージンは、オイル中の遊離脂肪酸（オレイン酸など）が０・８％以下、ヴァージンは２％以下と定められています。どちらも、原材料はオリーブ１００％で、通常の搾油工程のみから得られたものであり、いかなる化学・生化学処理も経ず、他の植物性オイルの混合もないものと定められています。遊離脂肪酸の数値（酸度）が２％を超えるカテゴリーもありますが、通常販売されている輸入オリーブオイルは、エクストラ・ヴァージンかヴァージンのどちらかです。なお、酸度がラベルに表示されることはほとんどありません。農産物であるオリーブオイルは、同じ生産者の同じ畑で穫れたオリーブであっても、搾油して保存するタンクごとに酸度が微妙に異なるということは往々にして起こるため、表示義務がないのです。しかし、生産者は、専門機関による成分分析の結果によって、エクストラ・ヴァージンかヴァージン、あるいはその他のカテゴリー（食用・非食用）を表示し、販売することになっています。また、DOP（原産地呼称保護）、IGP（地理表示保護）といった認定を取得するためにも成分分析は不可欠です。

消費者にとって、個々のオリーブオイルの酸度やポリフェノールの数値は非常に重要な情報ですが、現状では知る術がほとんどありません。高い品質を目指す生産者の間でも、自分のオリーブオイルが他とは違うことを説明するため、より詳細な表示を求める動きが出ていますが、製造ロットごとに微妙に異なる数値をラベルに印刷する手間と費用を考えると難しいのも事実。最近では、ホームページに成分分析結果を記載する生産者も少ないながら現れているので、そうした傾向が拡大していくことが望ましいでしょう。

実際にオリーブオイルを選ぶにあたっては、まずエクストラ・ヴァージンかヴァージンか、そして原産地、収穫年も確認します。収穫年（及び賞味期限）は、そのオイルの鮮度を測る重要なチェック項目です。さらにその品質が良いかどうかの判断の目安としては、価格も参考になります。極端に安いものにはそれなりの理由があり、味わってみると風味が足りない、時には欠陥（油臭いなど）を感じることもあります。一方で、高価であればいいというわけでもなく、価格が高い理由をきちんと説明できる生産者かどうかを確かめる必要があります。そして、最終的には味わって、納得できる質と値段であるかどうかを吟味します。賢い消費者であることが、良いオリーブオイルを見出すことに繋がり、そうした消費者に選ばれることを正直な生産者も望んでいるのです。

注）
エクストラ・ヴァージンまたはヴァージン以外のオリーブオイルの製造には90%まで精製オイル（化学処理による脱臭、脱色したオリーブオイル）の使用が認められており、エクストラ・ヴァージンまたはヴァージン・オリーブオイルに比べると風味が弱いのが普通です。炒め物など、加熱調理には向いていますが、加熱せずに風味を楽しむ場合にはエクストラ・ヴァージン・オリーブオイルが良いでしょう。

オリーブオイルを使いこなす秘訣は、テイスティング

イタリア料理にオリーブオイルは欠かせません。イタリアの家庭には必ずオリーブオイルがあり、イタリア人は感覚的にオリーブオイルを使いこなしています。一方、私たち日本人がオリーブオイルと上手につきあうには、まず、その品質について理解を深め、〝良いオリーブオイル〟を見極めることが大切です。

良いオリーブオイルとはどういうものでしょう？

「酸化による劣化などの欠陥がないもの」です。

それは味わって初めてわかるもので、ボトルの外側からはわかりません。ただ、

「透明なボトル」「賞味期限が迫っている」

この二つの条件に当てはまる場合、劣化している可能性が高いとみて間違いないでしょう。オリーブオイルは光が当たると葉緑素が光合成し、酸素による酸化が進んでしまいます。そして、たとえ黒っぽいボトルや光を通さない缶入りであっても、時間と共に酸化が進むため、賞味期限が迫っているものは欠陥まではいかないとしても本来の味わいを失っている可能性があるのです。

光を通しにくい容器で、製造からあまり時間が経っていないオリーブオイルがあるとして、それが良いものであるかどうかを知るには、やはり味わってみるのが一番です。その時に、まず確認するのが、

「欠陥があるか」

この場合の欠陥とは、酸化した古い油のような臭いや味、あるいは製造工程で発生するカビ臭、発酵による酸っぱい臭いなどを指します。欠陥が感じられなければ、

「どの程度のフルーティさか」

「どのようなタイプのフルーティか」

「辛み、苦みはどの程度あるか」

「辛み、苦みのバランスはとれているか」

を確かめていきます。これは、国際オリーブ評議会（ＩＯＣ）＊が定めるテイスティングの基本的な部分です。

味覚・嗅覚を使ったこうしたテイスティングによって、それぞれのオリーブオイルの性質を分析することは、生産者などオリーブオイルを扱う業界において非常に重要なことですが、私たち一般の人にも有用な方法です。欠陥の有無を確認し、味わいのタイプを見極められるようになると、自分の好みのオリーブオイルがわかり、さらに料理に合わせての使い分けにも応用できるからです。

テイスティングには訓練が必要です。さらにプロフェッショナル・テイスターになるには規定の講習を受け、試験に合格する必要があります。しかし、普通にオリーブオイルを使いこなすだけなら、一度でも、プロフェッショナル・テイスターによるテイスティングの勉強会などに参加すれば、おおよその方法がわかります。あとは、自分でいろいろなオリーブオイルをテイスティングして、自分の中で基準を構築していけば良いのです。一人で何本ものオイルをテイスティングするには時間もお金もかかりますから、何人かで持ち寄ってテイスティング会をするのも良いでしょう。テイスティングでもう一つ大切なことは、自分の感覚が他の人の感覚とどう違うか、共通点はどんなところかを知ることです。テイスティングしてわかったことを参加者皆で話し合うことで、テイスティングの精度が上がっていきます。

＊国際オリーブ評議会
International Olive Council
１９５９年に設立されたオリーブオイルと食用オリーブの生産者、消費者の利害関係者が参加する政府間機関で、現在44か国（うち27がＥＵ加盟国）がメンバー。活動目的は、オリーブオイルと食用オリーブの品質向上に努め、ルールを制定、必要に応じて改正し、国際的な販売に力を入れること。

オリーブオイルの基礎知識

多様な品種がそろうイタリアのオリーブオイル

オリーブオイルの最大の産地はスペインです。広大な土地に、樹間を狭めたスーパーインテンシブ方式でオリーブに大量の実をつけさせ、生産量を高めることで、世界にオリーブオイルを安定して供給してきました。もちろん、少量高品質を目指す生産者もいますが、スペインでは少数派です。

一方、イタリアはほとんどが小規模生産者で、土地伝来の品種を栽培してきました。こうした固有の品種はその土地以外ではうまく育たないことが多く、それゆえイタリアには世界でも類を見ない多数の品種が存在することになったのです。その数はおよそ５４０種。そのうち、一般に流通するオリーブオイルとしてはおよそ90品種が用いられており、およそ20品種が主要品種であるスペインに比べてもバリエーションが豊かであることが窺えます。また、ほとんどが土地固有の品種ですが、搾油率の高さや、育てやすさでイタリア全国に広まった品種もあります。例えば、トスカーナが発祥と言われるフラントイオやレッチーノは、北部から南部までブレンド用によく栽培されている品種です。

オリーブは単品種だけでは実がなりにくいという性質の品種が多く、複数の品種を混植することが長らく行われてきました。かつてはさまざまな品種を一斉に収穫し、搾油するのが普通でしたが、現在はクオリティを重視する生産に転換し、品種ごとに収穫、搾油、保存して、単一品種（モノクルティヴァル）のオイル、あるいは味わいのバランスを考慮したブレンドオイルを製造することが一般的になりつつあります。

品質認定制度ＤＯＰとＩＧＰ

ＥＵによる品質管理政策の一つ。原産地を冠し、その土地で製造される伝統的な特定の製品についての特質を保護、奨励する。各国で認定制度の名称は異なり、イタリアではＤＯＰ、ＩＧＰ、ＳＴＧ（伝統特産品保証）の三つがある（オリーブオイルはＤＯＰとＩＧＰのみ）。日本にも農水省管轄の同様の制度（地理的表示〈ＧＩ〉保護制度）がある。

認定された製品に付与される認証マークは、消費者に確かな品質を保証し、製品の識別を容易にするためのもの。認証を受けた製品はリストに登録され、リストでは製品の規定、原産地についての情報も明示されている。

ＤＯＰ（Denominazione di Origine Protetta）原産地呼称保護
原産地呼称とは、製造地（特定の地域、特定の州、稀に国）を明示する製品の名称（伝統的に用いられる名称も含む）。特定の地域内で全ての生産工程が行われ、製品の品質や特徴が、製造地固有の地理的環境、自然、人的要因によってのみ成立するものであることを示す。

ＩＧＰ（Indicazione Geografica Protetta）地理表示保護
地理表示とは、製造地（特定の地域、特定の州、稀に国）を明示する製品の名称（伝統的に用いられる名称も含む）。特定の地域内で少なくとも一部の生産工程が行われ、特定の品質や評判、そのほかの特徴が、その土地においてのみ成立するものであることを示す。

イタリアの主な在来品種や栽培品種、DOPとIGPマップ

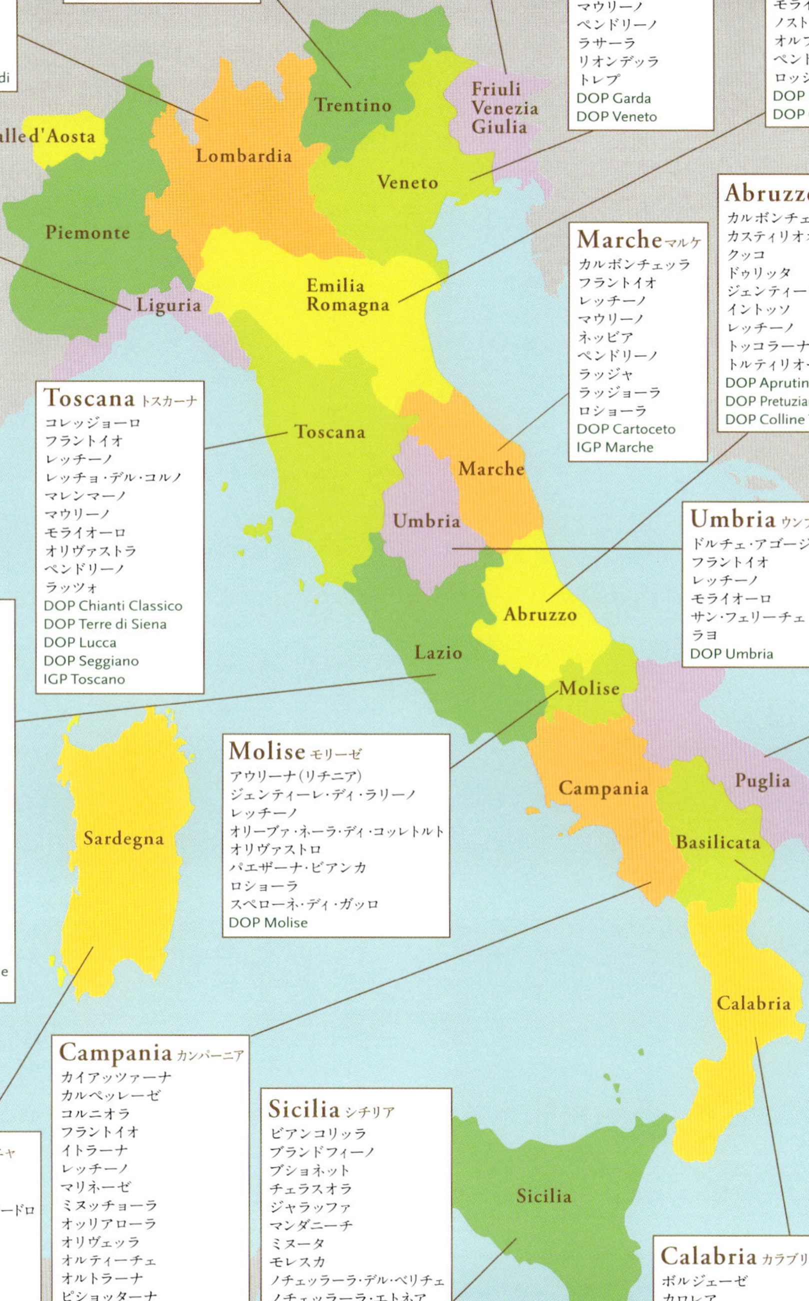

Lombardia ロンバルディア
カサリーヴァ
フラントイオ
レッチーノ
モライオーロ
ペンドリーノ
スブレーサ
DOP Garda
DOP Laghi Lombardi

Trentino トレンティーノ
ファヴァロル
フラントイオ
レッチーノ
ペンドリーノ
ラザ
ロッサネル
DOP Garda

Friuli Venezia Giulia フリウリ・ヴェネツィア・ジューリア
ビアンケーラ
ブーガ
テルジェステ
DOP Tergeste

Veneto ヴェネト
カサリーヴァ
ファヴァロル
フラントイオ
グリニャーノ
レッチーノ
マルツェミーノ
マトッソ
マウリーノ
ペンドリーノ
ラサーラ
リオンデッラ
トレプ
DOP Garda
DOP Veneto

Emilia Romagna エミリア・ロマーニャ
コレッジョーロ
ギアッチョーラ
レッチーノ
モライオーロ
ノストラーナ・ディ・ブリシゲッラ
オルファーナ
ペンドリーノ
ロッシーナ
DOP Brisighella
DOP Colline di Romagna

Liguria リグーリア
アルナスカ
ビアンカルダ
カルパリーナ
コロンバイア
ラヴァニーナ
リゾーナ
モルティーナ
ピエトラサンティーナ
ピニョーラ
プリンチピーノ
ラッツォーラ
タジャスカ
DOP Riviera Ligure

Marche マルケ
カルボンチェッラ
フラントイオ
レッチーノ
マウリーノ
ネッビア
ペンドリーノ
ラッジャ
ラッジョーラ
ロショーラ
DOP Cartoceto
IGP Marche

Abruzzo アブルッツォ
カルボンチェッラ
カスティリオネーゼ
クッコ
ドゥリッタ
ジェンティーレ・ディ・キエーティ
イントッソ
レッチーノ
トッコラーナ
トルティリオーネ
DOP Aprutino Pescarese
DOP Pretuziano delle Colline Teramane
DOP Colline Teatine

Toscana トスカーナ
コレッジョーロ
フラントイオ
レッチーノ
レッチョ・デル・コルノ
マレンマーノ
マウリーノ
モライオーロ
オリヴァストラ
ペンドリーノ
ラッツォ
DOP Chianti Classico
DOP Terre di Siena
DOP Lucca
DOP Seggiano
IGP Toscano

Umbria ウンブリア
ドルチェ・アゴージャ
フラントイオ
レッチーノ
モライオーロ
サン・フェリーチェ
ラヨ
DOP Umbria

Puglia プーリア
ベッラ・ディ・チェリニョーラ
チェッリーナ・ディ・ナルド
チーマ・ディ・ビトント
チーマ・ディ・モーラ
コラティーナ
フラントイオ
レッチーノ
ノチャーラ
オッリアローラ
ペランツァーナ
ロトンデッラ
サンタゴスティーノ
DOP Terra di Bari
DOP Dauno
DOP Collina di Brindisi
DOP Terra d'Otranto
DOP Terre Tarentine
IGP Olio di Puglia

Lazio ラツィオ
カニネーゼ
カルボンチェッラ
フラントイオ
イトラーナ
レッチーノ
マリーナ
マウリーノ
モライオーロ
オリヴァーゴ
オリヴァストローネ
ペンドリーノ
ラヤ
ロショーラ
サルヴィアーナ
シローレ
DOP Sabina
DOP Tuscia
DOP Canino
DOP Colline Pontine
IGP Olio di Roma

Molise モリーゼ
アウリーナ(リチニア)
ジェンティーレ・ディ・ラリーノ
レッチーノ
オリーブァ・ネーラ・ディ・コッレトルト
オリヴァストロ
パエザーナ・ビアンカ
ロショーラ
スペローネ・ディ・ガッロ
DOP Molise

Basilicata バジリカータ
アチェレンツァ
アウジェッリーナ
カンネッリーノ
チーマ・ディ・メルフィ
コラティーナ
フラントイオ
ギアンナーラ
ラウドリア
レッチーノ
マイアティーカ
ノチェッラーラ
ノチャーラ
オッリアローラ・デル・ヴルトゥレ
パルマローラ
プロヴェンツァーレ
ロトンデッラ
DOP Vulture
IGP Olio Lucano

Sardegna サルデーニャ
ボザーナ
ネーラ・ディ・ゴンノス
ネーラ(トンダ)・ディ・ヴィッラチードロ
オリアネッダ
パスキセッダ
ネーラ・ディ・オリエーナ
ピッツェ・カローガ
セミダーナ
トンダ・ディ・カッリアリ
DOP Sardegna

Campania カンパーニア
カイアッツァーナ
カルペッレーゼ
コルニオラ
フラントイオ
イトラーナ
レッチーノ
マリネーゼ
ミヌッチョーラ
オッリアローラ
オリヴェッラ
オルティーチェ
オルトラーナ
ピショッターナ
ラッチョペッラ
ラヴェーチェ
ロトンデッラ
ルヴェイア
サレッラ
セッサーナ
テナチェッラ
ヴィーニャ・デッラ・コルテ
DOP Cilento
DOP Colline Salernitane
DOP Penisola Sorrentina
DOP Irpinia-Colline dell Ufita
DOP Terre Aurunche
IGP Olio Campania

Sicilia シチリア
ビアンコリッラ
ブランドフィーノ
ブショネット
チェラスオラ
ジャラッファ
マンダニーチ
ミヌータ
モレスカ
ノチェッラーラ・デル・ベリチェ
ノチェッラーラ・エトネア
ノチェッラーラ・メッシネーゼ
オッリアローラ・メッシネーゼ
サンタガテーゼ
トンダ・イブレア
ヴェルデーゼ
ヴェルデッロ
ザイトゥーナ
DOP Monti Iblei
DOP Valli Trapanesi
DOP Val di Mazara
DOP Monte Etna
DOP Valle del Belice
DOP Valdemone
IGP Sicilia

Calabria カラブリア
ボルジェーゼ
カロレア
グロッサ・ディ・カッサーノ
グロッサ・ディ・ジェラーチェ
レッチーノ
オットブラティカ
ペンヌラーラ
ロッジャネッラ
ロッサネーゼ
シノポレーゼ
トンダ・ディ・ストロンゴリ
トンディーナ
DOP Alto Crotonese
DOP Lametia
DOP Bruzio
IGP Olio di Calabria

DOP、IGPは2024年8月現在認定されているもの。
品種の名称は方言によって異なる場合や、男性名詞・女性名詞が混同される場合がある。

オリーブオイルQ&A

Q&A 品質

オリーブオイルは どのように発展したのですか？

さまざまなオリーブオイルを味わう経験を重ねていくうちに、なぜこんなに違いがあるのだろうと思うようになります。オリーブオイルとひとことで言っても、産地、品種、製造方法によって味わいは異なります。そうしたオリーブオイルの〝背景〟を知っていくと、産地や品種を聞いただけで、それがどんなオリーブオイルなのかの見当をつけることができるようになります。

およそ６０００年前のシリア・パレスティナ地方がオリーブ発祥の地といわれています。当初は化粧品や体に塗布するものとして用いられました。そして、古代ギリシャ人によってオリーブが地中海世界に持ち込まれ、古代ローマ人がオリーブ栽培を広めました。以来、オリーブとオリーブオイルはなくてはならないものとして人々に愛用されてきたのです。時代が下がって20世紀半ば、世界7か国を対象に行われた調査で、オリーブオイルと野菜を食事の中心とするイタリア、ギリシャは、肉食を中心とする北部・中部ヨーロッパやアメリカに比べて心疾患が少ないことが判明しました。のちにいう「地中海式ダイエット」の根拠となったのですが、こうしてオリーブオイルの効能が注目されるようになりました。成分分析が進み、オレイン酸などの脂肪酸の性質や、ポリフェノールなど抗酸化作用を持つ成分の特定など、オリーブオイルが健康維持に役立つ理由が明らかになりました。

オリーブオイルの品質は どのようにして決まりますか？

ＥＵ圏内共通のオリーブオイルに関する規則において、オリーブオイルの品質は、分析によるいくつかの指標をもとに判断されます。それは、①遊離脂肪酸の含有率（酸度）、②過酸化物価（酸化による劣化の程度を示す値）、③紫外線吸収度（酸化度合い、精製オイル混合の有無を示す）、④ワックス含有量（オリーブの実の皮の含有量。規定以上に多い場合、精製オイル混合が疑われる）、⑤テイスティングによる官能検査。こうした分析はオリーブオイルを販売する生産者が外部の検査機関に依頼しなければなりませんが、分析結果をラベルに表記する義務はありません。また、日本に輸入されているオリーブオイルは原則として食用オリーブオイルとしての基準をクリアしていますが、分析結果の詳細はわからないのが現実。信頼できる販売店から購入したり、販売員からオリーブオイルについてきちんと説明を聞くことで、品質を確認しましょう。

緑色が濃いほど 良いオリーブオイルですか？

オリーブの品種、実の熟成具合、製造の方法、保存環境などが色に影響を与えますが、品質を表すものではありません。一般的には、濃い緑色のエクストラ・ヴァージン・オリーブオイルは収穫初期に搾油されたもので、香りが強く、ポリフェノールも多い傾向があります。しかし、黄色に近い緑でも品質が高い場合があり、色で品質を判断するのは正しいとはいえません。

ピリピリとした刺激を感じるオイルは酸度が高いのですか？

オリーブオイルを飲み込んだときに喉の奥にピリピリとした辛みを感じることがありますが、これは主にポリフェノールの一種であるオレオカンタールによるもの。酸度、つまり遊離脂肪酸の含有率とは無関係です。辛みは、苦みとともにポリフェノールによってもたらされるもので、辛み・苦みが強いほどポリフェノールの含有量が多いといえます。このポリフェノールは、オリーブオイルの酸化を防ぐ働きがありますが、時間とともに失われていくため、賞味期限が近づいたり過ぎたりしたオイルは辛み・苦みも少なくなります。

透明度の低いオリーブオイルはピュアな証ですか？

透明度が低い、つまり濁ったオイルはフィルターをかけていないというだけで、質の良し悪しとは無関係です。さまざまな物質がそのままオイルに存在しているので、複雑な風味が楽しめるのですが、酸化、酸敗、発酵などが早く進むので、なるべく短期間に使い切るようにします。

Q&A テイスティング

テイスティングはどのように行うのですか？

正式なテイスティングは、専用の保温器を使ってオイルを28℃に保ち、規定に則った色付きのグラスを使います。その設備がなくても、簡易的なテイスティングは可能です。

① 騒音のない静かな部屋で、テーブルにテイスティング用のカップ、オリーブオイル、感覚をリセットするための飲み水を用意して、椅子に座る。時間帯は、感覚が鋭敏な午前中が望ましく、空腹でも満腹でもない状態が理想。テイスティングカップは使い捨てのプラカップを使用。ガラス製のグラスを使う場合は匂いがないか確認する。紙コップは紙特有の匂いがあるので使わない。

② カップに大さじ1（15㎖）ほどオリーブオイルを注ぐ。少な過ぎると香り・味わいを感じにくくなるので注意する。

③ 片方の手でカップを持ち上げ、もう片方の手のひらにカップの底面を載せ、カップを包み込む。

④ 手のひらに底面をこすりつけるように、もう片方の手でカップを左右に回し、摩擦で温める。

⑤ 十分に温まったら、鼻をカップに近づけて香りを嗅ぐ。

⑥ 口にオイルを含み、口中に満遍なく行き渡らせて、香り、苦みを確認する。

＊⑤で欠点の臭いを感知したら、そのタイプ(古い油の臭い、カビ臭、酸っぱい臭い、油臭さなど)を分類する。必要であれば口に含んでさらに確認する。

国際オリーブ評議会（ＩＯＣ）が定めた正式なテイスティンググラスは、オイルの色による先入観を排除するため濃い色つきガラス製で、匂いを集めるため上部がすぼまった形をしている。

⑦　舌を上顎につけ、口の両端を少し開き、空気を吸い込み、香りを揮発させることでさらに香りの詳細を探る。
⑧　飲み込んで辛み、余韻を感じる（または吐き出してから、辛み、余韻を確認しても良い）。
⑨　テイスティングシートに、フルーティさの度合い、フルーティさのタイプ、苦み、辛みの度合いをそれぞれ記入する。

オリーブオイルの味わいはどんなタイプがありますか？

オリーブオイルを何度か味わっていくと、なんとなくそのタイプがわかってきます。一般にそのタイプは以下のように分けられます。

・ライトフルーティ、苦み・辛みは少ない
・ミディアムフルーティ、苦み・辛みは少ないか中程度
・ミディアムフルーティ、苦み・辛みはやや強い
・ストロングフルーティ、苦み・辛みは中程度
・ストロングフルーティ、苦み・辛みは強い

また、フルーティのタイプは、

・未熟（早摘）の青い香り
・完熟（遅摘）の甘い香り

さらに、香りについては以下のような表現が用いられます。

青々とした草、若いアーモンド、熟したアーモンド、アーティチョーク、トマト、トマトの葉、オリーブの葉、りんご、青りんご、ベリー、フローラルなど。

Q&A 保管

冬に結晶のような固形物が現れたオイルは使っても問題ない？

オリーブオイルに含まれる水分、中性脂肪、不飽和脂肪酸は、温度が低くなると凍ったり、結晶化が起こります。ノンフィルターのオイルでは特に顕著で、オリーブオイル以外でも未精製の自然に近いオイルで同様の現象が見られます。こうした結晶は温度が上がれば消え、ノンフィルターのオイルの場合は、特徴的だった白濁も見られなくなる場合がありますが、香りや味わいに特段の変化は感じられません。ただし、成分的な変化が生じ、酸化が進みやすくなっているので、なるべく早く使い切りましょう。夏の暑い時期に冷蔵庫で保存した場合も同様に、短期間で使い切るようにします。冷蔵庫からの出し入れの回数が増えるほど酸化のスピードが増すからです。できれば冷蔵庫ではなく、家の中で一番温度が上がりにくく（25℃を超えない）暗い場所で保管しましょう。

気に入ったオリーブオイルを缶で購入したいのですが？

大容量の缶入りオリーブオイルは、頻繁にオイルを使う人や飲食店には向いています。缶からそのまま料理に使うのは不便なので、ディスペンサーなどに移し替えますが、オリーブオイルは空気に触れることで酸化が進み

ますから、容器はできれば小型にして、短期間に使いきるようにします。また、容器は常に清潔にし、オイルがすっかりなくなったら洗浄して、完全に乾かしてから新しいオイルを入れます。

オリーブオイルは熟成させることができますか？

チーズやワインなど熟成させると風味が増す食品とは違い、オリーブオイルは時間の経過とともに香りが弱くなり、酸化も進みます。そのため、美味しく味わえる目安として、ラベルに賞味期限が表示されています。その期限が過ぎたら食べられなくなるわけではありませんが、風味が落ちている場合は、炒め物など加熱調理に使いましょう。

Q＆A 料理

劣化したものは、どうしたらよいでしょう？

酸化が進んで風味が落ちてしまったオリーブオイルは炒め物など加熱調理に使います。もし、さらに酸化が進んで油臭く感じるようになっていたら、加熱調理でもその臭いは残ってしまうので使うのはあきらめましょう。

オリーブオイルを使った自家製ドレッシングは保存できますか？

他の材料と混ぜ合わせてドレッシングにした場合、衛生的な観点から必ず冷蔵庫で保存します。一度に作る量は控えめにしてなるべく早く使い切るようにしましょう。古いドレッシングに新しく作ったドレッシングを継ぎ足すのは、酸化したオイルを新しいオイルと合わせることになり、せっかくのオリーブオイルの長所が損なわれてしまうので避けましょう。

オリーブオイルを揚げ物に使ってもいいですか？

エクストラ・ヴァージン・オリーブオイルは発煙点が高く、高温に耐えられる安定したオイルなので、揚げ物に適しているといえます。加熱すると活性酸素が発生しますが、ポリフェノールが活性酸素を抑える働きをすることから、ヴァージン・オリーブオイルや他のオイルに比べて優れています。また、野菜など淡白な味わいの食材に風味をもたらすこともできます。一方で、魚のように素材そのものの風味がしっかりしているものは、揚げ物専用など他のオイルで揚げるほうが良い場合も。ノンフィルターオイルは、オイルに含まれる不純物が燃えて煙が出る可能性があるので、揚げ物には使わず、そのままの風味を楽しみましょう。

池田愛美 Manami Ikeda
1966年生まれ。出版社勤務を経て1998年、イタリア、フィレンツェへ。主に食の分野で取材執筆活動に従事。webジャーナル、SAPORITAWEB.COMを運営。ジャーナリスト協会Free Lance International Press（FLIP）会員。イタリア・オリーブオイル・テイスター協会Organizzazione Nazionale Assaggiatori Olio d'Oliva（ONAOO）所属プロフェッショナルテイスター。著書に「イタリアの地方菓子」「伝説のイタリアン、ガルガのクチーナ・エスプレッサ」「ウィーンの優雅なカフェ＆お菓子」「極旨パスタ」「イタリア料理手帖」「イタリア「地パスタ」完全レシピ」（世界文化社）など。

ドクターからの一言

オリーブオイルの効能と健康について

オリーヴァ内科クリニック院長　横山淳一

オリーブオイルでスローエイジング

オリーブオイルは栄養学的には油脂そのものです。

油脂を含む脂質は、糖質、蛋白質と並んで三大栄養素の一つ。からだにとってなくてはならない栄養素です。油脂は糖質、蛋白質と比べてエネルギーが二倍強あるため、摂取エネルギーを抑えることに主眼が注がれている減量目的の食事では、「なるべく控えるように」と一般的には指導されています。近年、栄養学が進歩し、油脂を構成する脂肪酸は細胞膜を構成する成分にもなることが明らかになりました。つまり、どういう油脂を摂るかで、細胞膜を構成する脂肪酸が変化し、生体の機能に大きく関与するわけです。摂取する油脂の量と質がスローエイジング、健康増進の上で大切なのです。

その点、オリーブオイルはオリーブの実をまるごと絞り、上澄みの油の成分を分離させた油性の果実のジュースです。オリーブの実が緑色から赤紫色になると、実の約60パーセントが油性成分になります。この実を圧搾するだけで油は容易に採れるのです。

一方、ごま、なたね、大豆、コーンなどの植物油は、種から抽出した種子油です。種子は油性成分はさほど豊富でなく、種から油を採るには大変な労力を必要とするため、ほとんどは化学的に種から抽出します。したがって、自然の風味は少なく、色もほぼ透明です。

果実油であるオリーブオイルは、自然の風味があり淡黄緑色です。これは、オリーブの実の種、果肉、皮の成分が溶け込んでいるためで、α-トコフェロール、葉緑素、ポリフェノールなど多種多様の抗酸化物質が多量に溶け込んでいるためなのです。このような特徴は他の植物油にはありません。

オリーブオイルの油としての成分は植物油の中で最も母乳に近い脂肪酸構成です。オレイン酸が約75%を占め、飽和脂肪酸のほかにもリノール酸、α-リノレン酸といった多価不飽和脂肪酸をバランスよく含んでいます。

オレイン酸は分子構造の上から一価不飽和脂肪酸に分類され、1か所だけ分子内に二重結合がある脂肪酸です。大豆油、サフラワー油、コーン油などの種子油では、分子内に数か所二重結合がある多価不飽和脂肪酸に分類されるリノール酸が主体です。二重結合が分子内にあれば活性酸素による酸化を受けやすくなります。最近の健康志向ブームで、ほかの脂肪酸から変換させてオレイン酸を生成した食用油が流通しています。それもオレイン酸が多く、似てはいますが、オリーブオイル、とくにエクストラ・ヴァージン・オリーブオイルに含有するような多種多様の抗酸化物質はありません。

オリーブオイルはリノール酸、α-リノレン酸といった多価不飽和脂肪酸の含有量が少ない上、α-トコフェロールをはじめとした抗酸化物質を多く含有しているため、酸化に対する強い抵抗性があり、加熱しても酸化されにくい特徴があります。

健康寿命を延伸させ、スローエイジングを実現させるためには、血液を体の隅々に運ばせ、体の各器官が血液の成分を効率よく利用できる環境を生涯にわたって継続させることが肝要です。血管をいつも若々しく、しなやかにするためには動脈硬化をおこしにくい食生活を続ける必要があります。

オリーブオイルを油脂として使うと、オレイン酸を多く摂取することになり、動脈硬化を促進させる血中のLDLコレステロールを低下させ、さらに、多種多様の抗酸化物質を多量に摂取することにより、血管を活性酸素の攻撃から守り、老化を遅らせます。このようにオリーブオイルは血管の老化を二重に守り、健康寿命を延伸させます。

本書に紹介されているマルフーガのエクストラ・ヴァージン・オリーブオイルには、オリーブ樹の生育環境や搾油法から、多種多様の抗酸化物質が多量に含有していることが推測され、さらなるスローエイジングの効果が期待されます。

横山淳一 Junichi Yokoyama
医学博士。オリーブァ内科クリニック院長。1973年千葉大学医学部卒業。東京慈恵会医科大学内科学(糖尿病・代謝・内分泌部門)教授を定年にて退任後、2013年に東京都世田谷区駒沢で糖尿病・栄養内科、代謝・内分泌領域専門のオリーブァ内科クリニックを開設。オリーブの樹の恵みをライフスタイルの改善に生かす指導を行っている。日本糖尿病学会認定糖尿病専門医、指導医。日本内分泌学会認定内分泌代謝専門医。西欧文明の源流である地中海沿岸、とくにイタリアに健康・長寿食の原点を求めて研究中。自身の食生活も健康を見据え、日々の油脂はオリーブオイル一択である。

2
和の食材とオリーブオイル

玄米や和食とオリーブオイルは相性が良いのです。
食べて美味しく、身体にもよい、これは家庭の理想の食卓です。

和の献立

(42〜43ページ)

玄米粥
ひじき炒め煮 梅干和え
小松菜の塩もみ
打ち豆とにんじんの炒め煮
炒めた干しえびとじゃこのクレソンサラダ

ドクターからの一言

和の献立

玄米には米糠《ぬか》だけでなく胚芽もついています。胚芽は芽が出るのに必要な栄養素が凝縮し、スローエイジングの効果が期待できます。玄米は白米に比べていいことずくめですが、炊きにくい、ボソボソして食べにくい、美味しくない、といった理由で遠ざけられているのが現状ではないでしょうか？ 有元流に炊いて、この献立のように他の食材との組み合わせをすれば、白米より「米の味」が口いっぱいに広がります。

また、意外だと思うかもしれませんが、玄米とオリーブオイルとの相性はとてもよく、玄米の味を引き立たせます。玄米もオリーブオイルも自然食品であり、全てを食べられる、いわゆる全体食品でもあり、自ずと相性がよいのです。両食品の組み合わせでスローエイジングの効果も倍増すること、うけ合いです。また、白米でなく玄米を使うことで食後の血糖値の上昇が緩やかになるため、血糖値が気になる人にも勧められます。

副食は、豆、にんじん、ひじきの炒め煮ですが、これらの食材は食物繊維が豊富で血糖値、コレステロール、中性脂肪値が気になる人に特におすすめです。オリーブオイルを油脂として使うことで各食材の本来の味が封じ込まれ、それぞれの味を楽しめます。オリーブオイルは数ある植物油の中で加熱による酸化が最も少なく、安全な油ですが、加熱しすぎるとオリーブオイルの風味が飛んでしまうので注意が必要です。

干しえび、じゃこはカルシウムたっぷりの食材。和食ではカルシウム不足になりがちですが、これらの食材をたっぷりのオリーブオイルで炒めることで美味しく食べやすくなります。せっかくカルシウムを沢山とっても油脂がないと吸収率は大幅に下がってしまうので、骨粗鬆症予防にはもってこいの料理となります。

（横山淳一）

和の料理に使う

和食にオリーブオイルを使うことは最近チラホラやっている方もあるようです。

マルフーガのオリーブオイルに出会った1990年代から、和食に合うと直感し、提案をしています。往年の料理雑誌『ドニチェフ』でも極上の寿司を極上のオリーブオイルで食べる美味しさを紹介しました。

和食に使えるのはエクストラ・ヴァージン・オリーブオイルに限ります。

何故なら、デリケートで食材の質が大きく影響する和食では油の質が大変重要だからです。米や野菜、魚介、肉、日本の食材はどれも素晴らしいです。それらに極上のオリーブオイルが合わないわけはありません。

玄米、そば、豆などいわゆるホールフードに合わせると格別に美味しくなります。

それぞれはどれもよく知っている食材ですが、これらをオリーブオイルと合わせると驚くほど美味。ぜひ試していただきたいです。特に玄米とオリーブオイルは、これ以上の組み合わせがない、と言えるくらい美味しいものです。

聞いただけで体によさそう、でもその前にまずは美味しいのです。

私は１日１食は玄米オリーブオイルを食べます。おなかの調子もよくて、体調管理にこれ以上のものは無さそうです。 蒸し野菜、野菜炒め、茹で野菜、etc.……いずれもオリーブオイルと塩だけで充分です。

春先の筍や山菜も、オリーブオイルとの相性はよく、とても美味しくいただけます。 豆腐にオリーブオイルは言わずもがな、刺身にオイルと醬油、これも美味しい。醬油とオリーブオイルはとてもよく合うのです。

酸化しにくい性質のオリーブオイルでの揚げ物は、からりと香ばしく揚がります。

高価な オリーブオイルで揚げ物を？　と目をむかれそうですが、一度は試してみていただきたい。 魚介は、刺身ならわさびとオリーブオイル、そして塩か醬油でいただきます。揚げ物は、シンプルに粉をうっすらつけて素揚げににします。こちらも塩だけで充分に美味しいです。また、生の山葵とオリーブオイルの相性の良さもぜひお試しください。

（39ページ）

玄米粥

家族が多かった頃は毎週日曜日の朝食は玄米粥でした。
大きな土鍋にたっぷりのお粥、そして色々なおかずで楽しみます。
おかずはいつものシンプルな常備菜をいろいろ用意すれば良いのです。
お粥にオリーブオイルをひと垂らしすればそれだけでも満足感があります。
お腹の調子を整えたい時にお試しください。

[材料] 4～6人分
炊いた玄米ごはん(P.44参照)　1カップ
水　4カップ+4カップ
オリーブオイル　適量
塩　適量(好みで)

[作り方]
1　土鍋に玄米ごはんを入れ、水4カップを入れ、よくほぐしてから炊く。

2　全体が煮えてきたら、水（湯でも）4カップを加え、とろりとするまでさらに炊く。

3　**2**を器によそって、オリーブオイルを適量注ぐ。好みで塩をふる。

（38ページ）

ひじき炒め煮 梅干し和え

[材料]作りやすい分量
乾燥ひじき　30g(ゆすいでから水に10～15分浸けて戻し、ざるにあけておく)
オリーブオイル　大さじ1
みりん　小さじ1強
酒　大さじ2
醤油　大さじ1強
梅干し　大1個(小さくちぎる)
いんげん　3～4本(ゆでて小口から切る)

[作り方]
1　ひじきは4～5cm長さに切る。

2　鍋にオリーブオイルを入れて軽く熱し中火でじっくり炒める。
味醂と酒を入れて一煮立ちさせ、醤油を加え混ぜながら煮て汁気を飛ばす。

3　バットにあけ、梅干しといんげんを散らす。

（38ページ）

小松菜の塩もみ

[材料]作りやすい分量
小松菜　5～6本(小口から細かく刻む)
塩　適量(小松菜の重量の3％ほど)

[作り方]

1　ボウルに小松菜を入れ、塩を加え、よく揉んで軽く重しをして20分くらいおく。

2　水が出たら両手でしっかりと絞る。

打ち豆とにんじんの炒め煮

[材料]作りやすい分量
打ち豆　1カップ(水につけて戻し、絞る)
にんじん　1本(皮をむいて拍子木切りにする)
オリーブオイル　大さじ2
酒　大さじ2
味醂　大さじ1
醬油　大さじ2
出し汁　大さじ4

[作り方]

1　鍋を熱してオリーブオイルを入れにんじんと打ち豆を加えて炒める。

2　酒と味醂を入れて2～3分ほど煮て、醬油、出し汁を加えて汁気がなくなるまで煮る。

炒めた干しえびとじゃこのクレソンサラダ

[材料]作りやすい分量
干しえび　20g
じゃこ　20g
オリーブオイル　大さじ1½
塩　適量
唐辛子　½本(種取りみじん切り)
クレソン　7～8本(2～3cmに切る)

[作り方]

1　フライパンにオリーブオイルを入れ、続いて干しえび、じゃこを加え、弱火でカリっと炒めて塩をふる。

2　**1**をクレソンと合わせる。唐辛子は好みで最後に加える。

玄米とオリーブオイル

この二つは私の食生活の二本柱です。
玄米は圧力鍋や、炊いた玄米を数日寝かせた「寝かせ玄米」等、
それぞれの好みで炊きましょう。
私は「ヘイワ圧力鍋」と「カムカム鍋」で炊いたものが好みです。
美味しく炊けた玄米にマルフーガのオリーブオイルをかけ、
フルールドセル（大粒の天然塩）を少々ふりかける、
体調を整えたい時にはこれが一番。
私の食事の基本の基です。

[材料] 4〜6人分
玄米　3カップ
水　3カップ

[炊き方]

1　玄米は洗ってザルにあげる。

2　カムカム鍋に玄米、水を入れ蓋をして圧力鍋に入れる。

3　カムカム鍋の半分くらいの高さまで外側に水を注ぐ。

4　圧力鍋の蓋を閉め重い方の錘《おもり》を乗せ中火強にかける。

5　錘が動きだし蒸気が出てきたら弱火にして55分火にかける。

6　錘を乗せたまま蓋に水をかけて急速に冷ます。圧が抜けたら蓋を開ける。

7　すぐにカムカム鍋からおひつにとる。この時しゃもじをしっかり濡らして
玄米をほぐすようにして、おひつに移すと良い。

[食べ方]
温かい玄米にマルフーガのオリーブオイルを適量かけフルールドセルをふる。

[注]
★ピース圧力鍋には重い錘と軽い錘があります。玄米は重い錘を使います。
★作り方 6 では、錘を外さないように注意しましょう。

玄米のおにぎり オリーブオイル揚げ

シチリアのファストフードにアランチーノという揚げおにぎりのようなものがあります。
玄米をオリーブオイルで揚げたらきっと美味しいと思って作ったのがこれ。
芳ばしいお煎餅のような香りとミルキーなモッツァレラがなんとも美味しいです。

[材料] 5～6個分
温かい玄米　2カップ(炊く)
モッツァレラチーズ　大1個(ざく切り)
トマトペースト　大さじ1
塩　少々
オリーブオイル(揚げる用)　適量

[炊き方]

1　温かい玄米は半分くらいに分ける。片方にトマトペーストを混ぜる。

2　中にモッツァレラチーズを包み楕円形のおむすびのように握る。

3　揚げ鍋にオリーブオイルを入れ中温に熱したら、**2**を入れ、表面がカリッとするまで揚げて熱いうちに軽く塩をふる。

揚げじゃこナッツ玄米

揚げたナッツと玄米は相性がよく、この料理はエスニックな香りに仕上げました。
口の中で中東と東南アジアがミックスされ、鼻に抜ける香りがたまりません。
いくらでも食べられる後を引くご飯です。
オリーブオイルで揚げることが美味しさの決め手です。

[材料]4～5人分
玄米　2～3カップ(炊く)
生カシューナッツ　1カップ
ちりめんじゃこ　1カップ
アリッサ　小さじ1強
こぶみかんの葉　5～6枚(ごく細く切る)
オリーブオイル(揚げる用)　適量
塩　少々

[作り方]

1　常温のオリーブオイルにカシューナッツを入れてから、弱火にかける。泡が立ってきたら注意して、少し色づいたら引き上げて油をきり、熱いうちに塩をふる。余熱で火が入るので一歩手前の色になったら引き上げるのがコツです。

2　油を熱して中高温にし、ちりめんじゃこを入れ、カリッとしたら紙の上にあげる。

3　カシューナッツとちりめんじゃこをボウルに入れてアリッサを混ぜる。

4　玄米の上に3を乗せ、こぶみかんの葉を散らす。

蕎麦とかき揚げ

全粒粉や玄米など素朴な粉食にオリーブオイルは合います。
かき揚げはなくても良いのです。茹でた蕎麦にオリーブオイル、
そして山葵と塩、はまってしまう味です。ワインにも日本酒 にもどうぞ。

[材料] 2人分
蕎麦　2束(たっぷりのお湯で茹でて冷水に取り水気をきる)
春菊　2〜3本(葉を摘む)
小さいエリンギ　2本(石付きを切り落とし薄切り)
カボチャ　薄切り6〜7枚
小麦粉　大さじ4くらい
水　大さじ2くらい
オリーブオイル(揚げる用)　適量
オリーブオイル(仕上げ用)　好みの量
塩　少々
山葵(生のおろしたて)　適量

[作り方]

1　ボウルに春菊の葉先とエリンギとカボチャを入れ、小麦粉をふり、水を少しずつ加えて具材同士がくっつく程度にする。

2　オリーブオイルを中温弱に熱し**1**を平たくして揚げる。カリッとしたらあげて油をきる。

3　器に蕎麦を盛りつけ、**2**と山葵を添え、オリーブオイルと塩少々をふる。

マグロと山芋の山葵オリーブオイル和え

山葵醤油にオリーブオイル、ここにマグロを入れたら絶対美味しい。
ぜひお試しください。お酒が進んでたまりませんよ。
ご飯だったらこれはぜひ白米で召し上がってください。
山芋をアボカドに替えても良いでしょう。

[材料] 2～3人分
刺身用マグロ　柵で120g（角切り）
山芋　100gくらい（皮を剝き角切り）
おろし山葵　小さじ1
千切り山葵　適量
オリーブオイル　大さじ2
醤油　大さじ1強

[作り方]

1　ボウルにおろし山葵、醤油、オリーブオイルを入れて混ぜる。マグロを加えて混ぜ、さらに山芋を加えて混ぜる。

2　千切り山葵をちらす。

蓮根とごぼうのオリーブオイル揚げ

根菜を皮ごと叩き割るのがみそです。オリーブオイルで揚げると皮の部分が香ばしく、これに醤油が絡んでご飯が進みます。白米玄米問わず美味しいおかずです。
お弁当にも、ビールの御供にもいいものです。

[材料] 3 〜 4 人分
蓮根　1節
ごぼう　½本
オリーブオイル(揚げる用)　適量
醤油　大さじ1½くらい
粒黒胡椒　適量

[作り方]

1　蓮根とごぼうは皮ごとすりこぎなどで叩き、割る。ボウルに醤油と粒黒胡椒を挽いたものを用意する。

2　中温に熱したオリーブオイルでカリッと揚げ、揚げたてをボウルに入れ、醤油と黒胡椒で和える。

アボカドと茗荷 オリーブオイルとレモンで

超簡単、おしゃれ、美味しい3拍子そろった一品です。
茗荷がこんなにオリーブオイルに合うとは、これを食べて初めてわかるでしょう。
この料理は和食・洋食どちらにも合います。
今晩のお酒のあては、これにしませんか?

[材料] 2人分
アボカド　1個(半分に切って種を取る)
茗荷　3個(薄切りにして氷水に入れしゃきっとさせ、水気をきる)
レモン　½〜1個
醬油　適量
オリーブオイル　適量

[作り方]

1　レモン汁をたっぷり絞ったアボカドの上にオリーブオイルをふりかけ、茗荷をたっぷり乗せる。

2　醬油適量をかけ、スプーンですくっていただく。

オリーブオイルで焼いた目玉焼き

我が家の目玉焼きは必ずオリーブオイルで焼きます。
白身の周りのカリカリ加減は、オリーブオイルでないとこのように焼けません。
醬油との相性抜群です。良い卵と良いオリーブオイルで最高の目玉焼きです。
これを炊きたてのご飯の上に乗せたら、箸が止まりません。
白米でも玄米でも、また焼いたパンと一緒にいただいても美味。

[材料]
卵　適量
オリーブオイル　適量
醬油または塩　適量
胡椒　適量(好みで)

[作り方]
1　フライパンを熱してオリーブオイルを流れるくらい入れ、卵を静かに入れる。

2　白身の周りがカリッとするまで焼いて取り出す。醬油または塩でいただく。
胡椒は好みで。

★生卵の水っぽい部分は、網に乗せて取り除いておくと、こんもりと中高に焼けます。

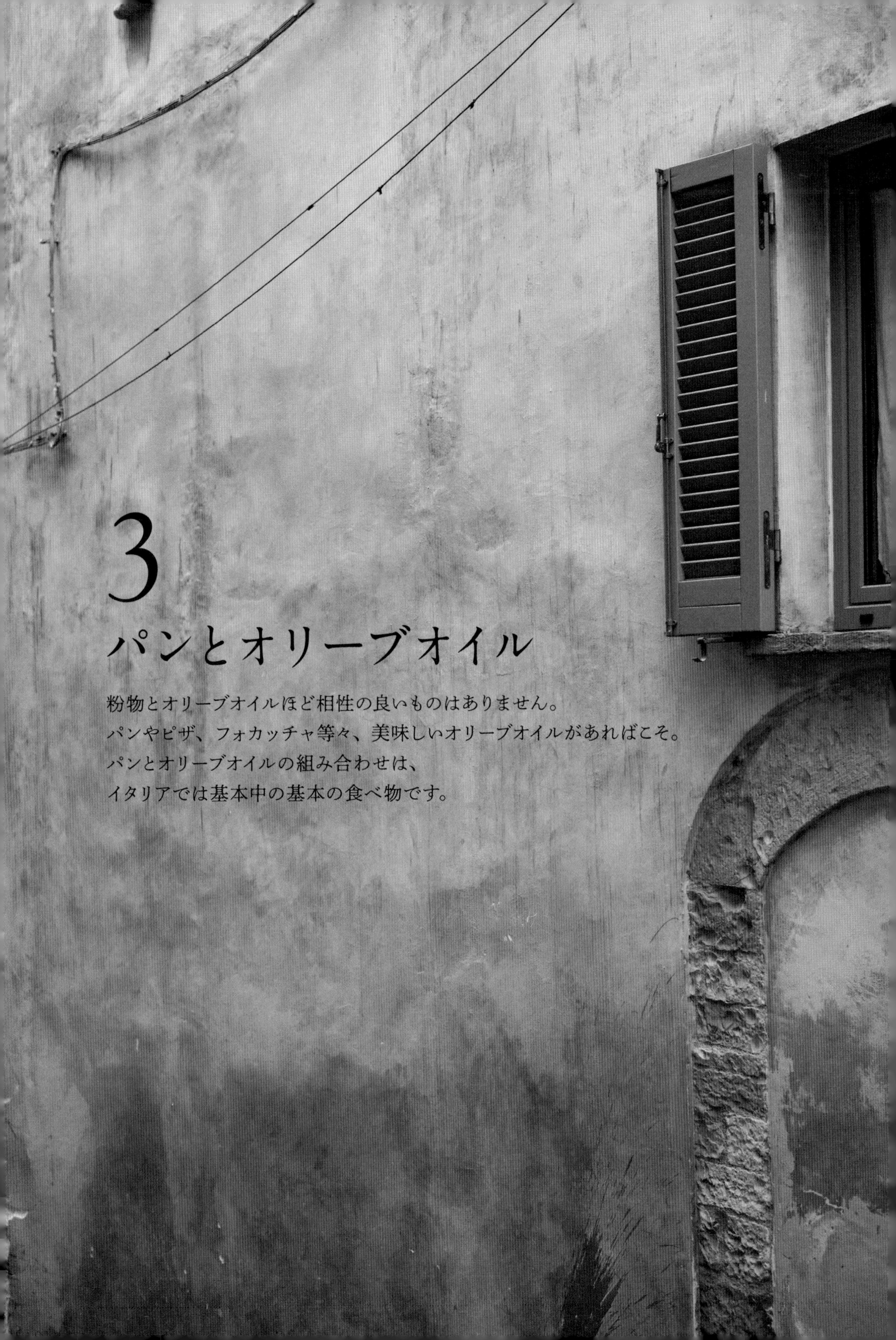

3
パンとオリーブオイル

粉物とオリーブオイルほど相性の良いものはありません。
パンやピザ、フォカッチャ等々、美味しいオリーブオイルがあればこそ。
パンとオリーブオイルの組み合わせは、
イタリアでは基本中の基本の食べ物です。

甘いブルスケッタ （64ページ）

塩味のブルスケッタ （64ページ）

(62-63ページ)

塩味のブルスケッタと甘いブルスケッタ

イタリアのパンは固いのですがちょっと炙ってオリーブオイルをたっぷりとかけて食べます。
冬季に行うオリーブオイル祭りでは必ずこれとホットワインが出ます。
日本ではバゲットで作ると良いでしょう。
メープルシロップやはちみつで甘いのもいいものです。

[材料] 4 〜 5 人分
バゲット　1本(好みの形・厚みに切る)
オリーブオイル　適量
塩　適量
ニンニク　1片(好みで)
メープルシロップまたははちみつ　適量

[作り方]
1　バゲットはこんがりと焼く。

2　塩味のほうは好みでニンニクの切り口をこすり、オリーブオイルをたっぷりと染み込むようにかけ塩をふる。

3　甘いほうは、オリーブオイルをたっぷりかけてからメープルシロップまたははちみつをかける。軽く塩をふっても良い。

パンのサラダ

イタリアのパンは、1日経つと歯が折れそうなくらいに固くなります。
そんなパンも無駄にはせず、美味しく食べるのがイタリア人。
夏の代表的な料理、パンツァネッラという一皿です。
なるべく味のついていないパンと完熟トマト、オリーブオイルたっぷりで作ります。
酸味は控えめが美味しいです。

[材料]
バゲット　½本(固くなったものをちぎって水に浸し絞る)
完熟トマト　2〜3個(食べやすい大きさに切る)
ニンニク　1片(押しつぶす)
ワインビネガー　大さじ1強くらい
オリーブオイル　大さじ4〜5くらい
塩　適量
バジリコ　2〜3本

[作り方]
1　ボウルにトマトを入れ、ニンニク、ワインビネガー、オリーブオイル、塩、バジリコを入れてよく混ぜる。

2　バゲットを加えて混ぜ、トマトやオイルの味を染み込ませる。

セミドライトマトとローズマリーのフォカッチャ

フォカッチャは自分で焼くのが一番美味しい。
なぜなら、これには流れるほどたっぷりのオリーブオイルを使うから。
だからこそオリーブオイルそのものが美味しくないと作れないものなのです。
ぜひぜひお家で、極上オリーブオイルを使って、自分の手でフォカッチャを作ってみてください。

[材料] 1個分
強力粉　150g
薄力粉　150g
ドライイースト　5〜6g
砂糖　大さじ1
塩　小さじ½
水　1カップくらい
セミドライトマト(71ページ)　20個
ローズマリー　2本
フルールドセル　適量
オリーブオイル　たっぷり

[作り方]

1　ボウルに振るった粉、イースト、砂糖、塩を入れて良く混ぜる。水を少し加えて混ぜ、少しベタつくくらい柔らかめになるように水を加えていく。台に取り出し良くこねて表面が滑らかになったらまるめる。

2　ボウルの内側にオリーブオイルを塗り生地を入れ、ラップで表面を覆い蓋し、30℃くらいの所に1時間置いて発酵させる。冷蔵庫に一晩入れておき、翌日焼くこともできる。

3　ガス抜きをする。

4　鉄のフライパンにオリーブオイルを塗り、生地を平らに伸ばして入れ、ラップでカバーして暖かい所に30分置く。

5　指先でたくさん穴を開け、オリーブオイルをたっぷり穴にそそぐ。

6　セミドライトマトを埋め込むようにして乗せ、ローズマリーを乗せ、フルールドセルをふる。

7　200℃のオーブンで約30分焼く。

セミドライトマトのオイル漬け

[材料]
ミニトマト　30個
オリーブオイル　適量
フレッシュオレガノ　4～5本

[作り方]

1　ミニトマトは横半分に切り、指先でつまむようにして種を出す。

2　オーブンを90℃にセットする。

3　網の上に切り口を上にして**1**を並べ、40分ほど熱する。返してさらに20～30分ほど熱する。

4　**3**を冷まして瓶に入れ、オレガノも入れ、オリーブオイルをかぶるくらい注いで冷蔵庫に入れる。

炒めたパンチェッタ乗せパン　ビネガー風味

ビネガー味のパンチェッタがクセになるパン料理です。
オリーブオイルでカリッと焼いたパンに酸っぱいパンチェッタの味が絡んで
なんとも言えず美味しいのです。良いパンチェッタが手に入ったらぜひ味わってください。
はちみつとペコリーノチーズを乗せてオーブンで焼いたものも格別です。

[材料] 2～3人分
パン(イタリアパン、日本ではバゲット使用)　3cm厚切り2枚(角切りにする)
パンチェッタ　薄切り5～6枚
オリーブオイル　適量
白ワインビネガー　大さじ1
塩・胡椒　適量

[作り方]
1　フライパンにオリーブオイルを流れるほど入れてパンをカリッと焼き、皿にとる。

2　フライパンにパンチェッタを入れカリッとしたらビネガーをふり、汁ごとパンにかけ、塩、胡椒をふる。

黒キャベツのブルスケッタ

フィレンツェで食べた忘れられない料理の一つです。
黒キャベツはハフハフいうほど熱々で、アンチョビが効いています。
オリーブオイルはたっぷりかけます。

[材料]1人分
バゲット　2枚
ニンニク　1かけ
黒キャベツ　2枚
オリーブオイル　大さじ2～3
アンチョビ　1～2切れ
塩　少々

[作り方]

1　バゲットは焼いてニンニクをこすりオリーブオイルをかける。

2　たっぷりのお湯を沸かし、塩を入れて黒キャベツを茹でる。熱々にオリーブオイルをかけ、パンに乗せ、アンチョビを細く割いて乗せる。

4
豆とオリーブオイル

豆料理はシンプルに味わうのが一番です。
品質の良い豆と美味しいオリーブオイルがあれば、あとは塩ひとつまみで十分です。
甘い豆料理は苦手という方にはぜひ、
オリーブオイルと塩で召し上がっていただきたいです。

茹で豆のオリーブオイルかけ

茹でた豆にオイルをかけただけのシンプルな食べ方です。
良い豆を選び、ほど良く茹でます。豆は一袋全部茹で、残ったら小分けの冷凍にするのがおすすめ。あとはオリーブオイルと塩だけです。
ここではトスカーナにならってフラスコで茹でてみました。口が広めの実験用フラスコです。
イタリアの冬は暖炉にこれを入れておくと知らぬ間に茹だっていて、
「夕食は豆料理ね」と献立が自ずと決まります。

[材料]
白いんげん豆　適量
黒豆　適量
塩　適量
オリーブオイル　適量

[作り方]
1　豆は1～2日たっぷりの水に浸し、冷蔵庫に入れて戻す。

2　1をフラスコ（鍋でもよい）に入れ、新しい水をかぶるくらいたっぷり入れ、静かに茹でる。豆により1～2時間かそれ以上の時間をかけ茹でる。

3　やわらかくなったら器に取り、少量の茹で汁もかけ、オリーブオイルをかけ、好みで塩をふる。

★豆は好みのものなんでも良い。

茹で豆のオリーブオイルかけ(79ページ)

茹でレンズ豆オリーブオイルかけ

レンズ豆は戻す必要がなく20分も茹でればすぐに食べられます。
イタリアではウンブリア州の国立公園のカステルーチョ産が最も美味しく、
世界一美味しいレンズ豆、と言われています。
写真のものもここのレンズ豆です。
魚介類、肉類との相性も抜群です。

[材料]
レンズ豆　適量
オリーブオイル　適量
塩　適量(好みで)

[作り方]

1 レンズ豆は洗って鍋に入れ、たっぷりの水を入れて20分ほど茹でる。

2 ほどよくやわらかくなったら器に取り、オリーブオイルをかけ、好みで塩をふる。

ひよこ豆のペーストと野菜

プーリア州のレッチェで食べたチェーチ（ひよこ豆）の料理を思い出してよく作ります。
作ってくれたおばさんの顔も思い出します。
オリーブオイルをたっぷり使った豆料理は、とても美味しいヘルシーな料理です。

[材料]
ひよこ豆　1カップ
セージ　1本
オリーブオイル　大さじ2〜3
塩　少々
青菜、ブロッコリーなど　適量

[作り方]

1　ひよこ豆は1日水につけて戻し、セージを入れてたっぷりの水でやわらかくなるまで茹でる。

2　フードプロセッサーにひよこ豆と茹で汁少々を入れ、塩ひとつまみとオリーブオイルを入れてなめらかになるまで攪拌する。

3　青菜は塩茹でにする。

2　皿に豆ペーストを乗せ、真ん中をくぼませたところにオリーブオイル（分量外）を入れる。青菜にも塩とオリーブオイル（分量外）をかける。

UNIVERSITA'
DEI CALZOLARI
GIA' ESISTENTE
DAL 1341
UNIVERSITA' DEI CALZOLARI
-GUBBIO-

冷奴 オリーブオイルと山葵で

豆腐は絹でも木綿でもお好みでチョイスしてください。
山葵は生をぜひ使いましょう。
オリーブオイルと合わせるなら生をすりおろすのに限ります。
塩でも醤油でも、豆腐の美味しさが伝わります。

[材料] 2人分
豆腐　1丁(絹、または木綿、好みでチョイス、軽く水きりをしておき半分に切る)
山葵(生をおろしたもの)　適量
オリーブオイル　適量
塩または醤油　適量

[作り方]
1　器に豆腐を乗せ、山葵を乗せる。

2　オリーブオイルをかけて、好みで塩または醤油をかける。

イタリア、日々のお買い物

時間に追われる日本での生活から一時離れて暮らす、イタリアでの日々はかけがえのないものです。日々の家事や買い出し以外には何もしないというのが私のイタリア生活の目的です。スーパーマーケットや近所の八百屋に出かけるのは3日に一度くらい。スーパーマーケットでは野菜や果物は自分が必要なだけ買うことができるのが気に入っています。セロリや大きな葉野菜も、大きな一株から自分が欲しい分だけもぎ取っても大丈夫。これは日本ではなかなかできません。袋に入れたら自分で秤にかけて、出てきた値段のシールを貼り付ければ良い。この方法、日本でも導入して欲しいものです。じゃがいもでもトマトでも一個から買えるのですから、一人暮らしには大変ありがたい売り方です。家族が何人でも無駄のない良い売り方です。

レジ袋や小袋は全て土に還るオーガニックです。日本のスーパーやコンビニで全てのものがパックに入って積んであるのを見ると、廃棄の行方を考えてしまい買う気が失せてくるのは否めないところです。

肉やパンの売り場は順番のカードを取って呼ばれるのを待ちます。サラミやプロシュート、チーズなど何でも、50グラムでも100グラムでも必要なだけその場でスライスをしてくれます。スライスしてしまったら早く食べないと味が落ちるので、せいぜい翌日分くらいまでしか買いません。食べたい時に買いに行ってそのつどスライスしたほうが美味しいのです。肉売り場にはいわゆる薄切り肉は置いていません。薄くしたければ家で、肉叩きで薄くするのが一番美味しいのです。

イタリア人は仔牛肉をよく食べます。日本ではなかなか入手できない仔牛肉はケースの一番目立つところにあり、よりどりみどり。仔牛肉は普通の牛肉とも豚肉とも違ってあっさりしているけれど旨みのある大好きなお肉。私が日本ではなるべく塊肉を買って好みのサイズや厚みに切り分けるのも、こうした経験からきているのです。

パン売り場ではスーパーマーケットでも、半分で良いと言えば大きいパンを切って売ってくれます。どうやって食べるかわからない時は一言聞けば、周りのお客さんたちがこぞって食べ方を教えてくれます。みんな自分の家の食べ方が一番、と思っているのがよくわかります。わからないことは聞けば良い、そうするとみんなが教えてくれる、これがイタリアでのお買い物の楽しみでもあり、醍醐味でもあります。

近くの小さな町にある八百屋さんもお気に入りの店。畑から持ってきたままの野菜が実に美味しそうに並べられ、地元特産のものしか置いていません。そこのおばさんも野菜や豆の料理をいろいろ教えてくれる、良い料理の先生です。

こんな風に食材店に行くことが料理の勉強になる、イタリア田舎暮らしの楽しみはこんなところにあるのです。

PIZZETTE € 1,00
CORNETTI € 1,00
FARINA BIOLOGICA MACINATA A PIETRA
PANE COTTO CON FORNO A LEGNA

PECORINO di AMATRICE € 27,50 Kg
PECORINO LOCALE
FORM. MISTO LOCALE € 23,00 Kg
FORMAGGIO di CAPRA € 25,50 Kg
CACIOTTA AL PEPERONCI € 23,50
CACIOTTA di ASSISI € 19,80 Kg

5
野菜とフルーツとオリーブオイル

新鮮な野菜ならば、生、蒸す、炒める、焼く、揚げるなど
どんな調理法でもあとはオリーブオイルと塩があれば十分です。
美味しい素材があればできるだけシンプルに食べるのが一番美味しいのです。
りんご、梨、桃、葡萄などとチーズとオリーブオイルの組み合わせもぜひお試しあれ。

プンタレッラのサラダ(94ページ)

生野菜とオリーブオイル
（ピンツィモーニオ）(94ページ)

(92ページ)

プンタレッラのサラダ

中部イタリアの春を告げるサラダです。
日本でもプンタレッラが作られるようになったのでぜひトライしてみてください。
ほんのり苦みがありシャキシャキと心地良い口当たりです。
アンチョビとレモンが必須です。

[材料]
プンタレッラ　1株(よく洗ってきれいなところだけ使う)
ニンニク　½片(みじん切り)
レモン　1個(絞る)
オリーブオイル　大さじ3
アンチョビ　4〜5本(ざく切り)
塩・胡椒または唐辛子(1本、種を取り刻む)　各適量

[作り方]

1　プンタレッラはごく細く切り氷水に入れてさらし、あくをとってからよく水気をきる。

2　大きいボウルにニンニク、レモン汁、オリーブオイル、アンチョビ、胡椒または唐辛子を入れてよく混ぜ、プンタレッラを入れて混ぜる。塩気が足りなければ塩を少量ふる。

(93ページ)

生野菜とオリーブオイル(ピンツィモーニオ)

生で美味しい野菜なら何でも使えます。パリッと、シャキッとした野菜が身上。
野菜と塩とオリーブオイルさえあれば誰でもいつでも楽しめます。

[材料]
レタスなど取り合わせて　適量(冷水に浸してパリッとさせ、水気をきる)
オリーブオイル　適量
塩　適量

[作り方]

1　野菜を盛り合わせる。

2　オリーブオイルと塩をつけていただく。

VIGOR

焼きパプリカ

パプリカの色が映える、いかにもイタリア的な野菜料理です。
アンチョビが野菜の甘さや香りを引き立てます。
オリーブオイルは惜しまず、たっぷりが美味しい。

[材料]
パプリカ　1個(半分に切り、種を取る)
ミニトマト　6個
ケイパーベリー　2〜4個
ニンニク　1片(ふたつに切り押しつぶす)
アンチョビ　2本
オリーブオイル　大さじ3

[作り方]

1　パプリカにミニトマト、ケイパー、ニンニク、アンチョビを入れ、オリーブオイルを入れる。

2　200℃のオーブンで15〜20分ほど焼く。

フルーツとチーズ

オリーブオイルに合うフルーツは桃やいちじく、葡萄、りんご、梨やプラム類。
甘いけれど少し硬めが良いのです。チーズはモッツアレラなど、お好みで合わせます。
シャンパーニュや白ワイン、甘いワインにもよく合います。

[材料]
桃、ネクタリン、梨、キウイ、プラム、ブドウなど　各適量
リコッタチーズまたはモッツァレラチーズ　適量
オリーブオイル　少々
レモン　½個(絞る)
塩、はちみつ　少々(好みで)

[作り方]

1　フルーツは食べやすい大きさにカットしてレモン汁をふる。チーズも食べやすい大きさにちぎるか、カットする。

2　器に**1**のフルーツとチーズを盛りつけ、オリーブオイル少々をかける。塩少々とはちみつをかけても良い。

6
肉や魚介とオリーブオイル

肉や魚にはオリーブオイルが欠かせません。
オリーブオイルには素材の美味しさをぎゅっと引き出してくれるパワーがあります。

サルシッチャとほうれん草

サルシッチャはイタリアのソーセージです。日本で見かけるソーセージとは異なり
生の粗挽き豚肉に塩とハーブ類を混ぜて腸詰にしたものです。
生もドライもあり、どちらもイタリアの食卓に欠かせない重宝な食材です。
そのまま焼いたり、煮込みに使ったりどこの家庭にもある便利で美味しいソーセージです。
豚肉の美味しさが際立つ生のソーセージは日本では入手困難なものなので、
手作りしてみるのも良いでしょう。
ドライのサルシッチャはサラミのようにして皮を剝いていただきます。

[材料] 3～4人分
サルシッチャ　4～5本
ほうれん草　大1束
オリーブオイル　適量
塩・胡椒　各適量

[作り方]

1　ほうれん草を塩を入れて茹でる。冷水にとってしっかり絞り、食べやすい長さに切る。さらにしっかり、十分に水気を絞る。フライパンを火にかけ、オリーブオイルを流れるくらい入れ、ほうれん草を加えて炒め、軽く塩、胡椒する。

2　サルシッチャは縦に半分に切る。フライパンを熱してオリーブオイルを入れ、両面をよく焼く。**1**のほうれん草と一緒にいただく。

鯵のカルパッチョ

ピンとそり返った近海の新鮮な鯵で作ると、どこのカルパッチョより美味しいと思います。
ケイパーの塩気は抜きすぎないようにほどほどに。魚の下に玉ねぎを敷くのは私流です。
魚が皿に張り付かないように、そして美味しさのためにこうしています。
レモン汁もオリーブオイルもたっぷりかけましょう。

[材料]
刺身用鯵　3尾(三枚おろし、骨を抜く)
紫玉ねぎ　½個(薄切りし、冷水に取り水気をきる)
塩漬けケイパー　大さじ1強(水に浸けて塩気を軽く抜き水気を絞る)
唐辛子　1本(刻む)
イタリアンパセリ　3〜4本(刻む)
オリーブオイル　大さじ3〜4
塩　適量
レモン　大1個

[作り方]
1　鯵は生食の場合、前の日に一晩冷凍しておくのがおすすめ。鯵に塩をして冷蔵庫に30分入れ、水分を取り、皮を引き、食べやすい大きさに切る。

2　皿に玉ねぎを敷き、**1**の鯵を乗せ、ケイパーと唐辛子とパセリを散らし、オリーブオイルをかける。塩を軽く全体にふりレモンを絞る。

やりいかとインカのめざめのオーブン焼き

いかとじゃがいもの組み合わせ、とにかく美味しいですよ。
作り方は簡単です。良い素材を選べば料理は簡単になることがよくわかります。
いかは、小さめの柔らかいやりいか、じゃがいもは甘みのあるインカのめざめが好相性です。

[材料] 4～5人分
やりいか　3杯(胴を外して良く洗って皮を剝き、3～4 cm幅に切る)
インカのめざめ(じゃがいも)　小6個くらい(皮を剝き、1 cm強の厚みに切り、水にさらす)
ニンニク　1片(すりおろす)
唐辛子　1本(刻む)
オリーブオイル　大さじ4～5
塩　適量
イタリアンパセリ、オレガノ　各4～5本

[作り方]
1　全ての材料をボウルに入れてよく混ぜる。

2　**1**をキャセロール（蓋つきの鍋）に入れて、190℃のオーブンで30～40分、いかとじゃがいもが色づくまで焼く。

魚介のトマト煮込み(110ページ)

（108−109ページ）

魚介のトマト煮込み

地中海のどこにでもある魚介料理です。
たっぷりのオリーブオイルとトマトソースをまとった魚介は誰でも好きな味ですね。
ソースを浸すバゲットをお忘れなく。

[材料] 4人分
えび　8尾（背わたを取り塩水で洗う）
あさり　400g（海水濃度と同じ塩水をバットに半分入れ、あさりを入れて蓋をし、
一晩冷蔵庫に入れて汚れと砂を完全に出して、よく洗う）
ほたるいか　100g（目を取る）
ニンニク　2片（押しつぶす）
白ワイン　½カップ
オリーブオイル　大さじ4
トマトパッサータ　2½カップ
塩　適量
ローリエ　1枚
バゲット　適量

[作り方]

1　平鍋にニンニクとオリーブオイルを入れて軽く熱し、あさりとローリエ、白ワインを入れ蓋をしてあさりの口が開いたら、えびを入れ、パッサータを加える。

2　火が通ったらほたるいかを入れ、ひと煮立ちしたら塩で味を調えて、魚介の味がよく出るまで煮込む。

3　バゲットにソースを浸して魚介と共にいただく。

la base

牛肉のたたき、イタリア風

ミラノに初めてひとり旅をした時、ホテルで教えてもらったレストランで食べた
“ロベスピエール”という肉料理。それを思い出してよく作ります。
いかにも北イタリア風の味わいです。バルサミコ酢をかけても美味しいです。
肉は日本の「たたき」の要領で作れば間違いないです。

[材料] 5 ～ 6人分
牛肉ロースト用　500～600g（常温にしてオリーブオイルと塩でマッサージする）
ローズマリー　2本
フルールドセル・胡椒、オリーブオイル　各適量
オリーブの実の塩漬け　適量

[作り方]

1　厚手の鉄フライパンを熱し、オリーブオイルを引き、牛肉の全ての面を色良く焼く。

2　火を弱め、時々肉の面を変えて回しつつ蓋をして焼く。中心に幅広の金串を刺して2～3秒待ち、唇に当てて少し温かければ火から下ろし、厚手のアルミホイルで包む。粗熱がとれて僅かに温かいくらいになったら5㎜厚さに切り、皿に並べる。

3　ローズマリーを散らし、フルールドセルと胡椒をふり、オリーブオイルをかける。オリーブの実の塩漬けをあしらう。

ラムのカツレツ

イタリアの家のアンティーク家具を依頼した家具屋さん、その家にお呼ばれした時に
出された、忘れられない料理の一つ。パン粉をつけて揚げるラムは初めての味で、
「なるほどなかなか美味しいものだ」と思ったものです。
ウンブリア州のラムは特別に美味しいこともありますが、
日本ではラムチョップでぜひ作ってみてください。かなりしっかりした食べ応えです。
揚げ油にはオリーブオイルがベスト。イタリアの赤ワインで楽しんでください。

[材料] 5人分
ラムチョップ　5本(肉たたきで薄く叩き伸ばす)
粉・卵・パン粉　適量
オリーブオイル(揚げる用)　適量
塩・胡椒　適量
レモン　2個

[作り方]
1　ラムチョップにごく軽く塩、胡椒する。粉、卵、細かくしたパン粉の順にまぶす。

2　揚げ鍋にオリーブオイルを中温に熱し、**1**を色良く揚げる。好みで塩、胡椒をふり、レモンを絞っていただく。

イタリア風の献立

（119-120ページ）

アスパラガスのオリーブオイルマヨネーズ添え
ショートパスタのトマトソース
鰯とじゃがいものフリット

ドクターからの一言

イタリア風の献立

パスタは糖質いっぱいの食品。糖質の取り過ぎはインスリン分泌を促進し、肥満に繋がることから敬遠されがちです。パスタはデュラム小麦という硬質小麦を粗く挽いたセモリナ粉を原料としています。この小麦粉を水だけでペースト状に練り、圧縮して細い出口から放出形成し、それを乾燥させたものが乾燥パスタです。圧縮して乾燥させているので製造後1年以上経っていても味も風味も損なわれず、塩はもちろん一切の添加物が入っていない自然食品なのです。

このパスタを茹でて食べると、その成分の糖質が消化酵素の働きでブドウ糖にまで分解されて血糖値を上昇させます。しかし、上昇させるスピードは白米、白パンよりもかなり遅くなります（低グリセミックインデックス）。そのため血糖値が気になる人、体重が気になる人にはうってつけの糖質供給食品となります。

パスタは同じ自然食品であるオリーブオイルとの相性がよく、美味しく健康増進をもたらします。ニンニクをオリーブオイルでなじませてから弱火で加熱する（コールドスタート）と食欲をそそる香りが醸し出され、そこにトマトを入れて炒め煮したイタリア料理の定番のトマトソースはパスタ料理には最適となります。

鯵から蛋白質は充分に摂れますが、鯵のような背の青い魚は必須脂肪酸であるオメガ3系多価不飽和脂肪酸であるＥＰＡ（エイコサペンタエン酸）を多く含有しています。旬の鯵の脂ののったところを失わずに、酸化されにくい調理法で食べられれば、スローエイジングに繋がります。本来、青魚のＥＰＡは酸化されて腐敗しやすいのですが、酸化させずに効率よく摂取するにはフリット（イタリアの伝統的な調理法で、小麦粉をつけてオリーブオイルで揚げる）が優れています。素材の旨みを封じ込め、オリーブオイルを揚げ油として使うためカリッと仕上がり、素材の酸化を少なくしてくれるのです。

マヨネーズは、原点に戻ってオリーブオイルを使うことで、トランス脂肪酸について心配せずにアスパラガスの味を引き立たせます。

（横山淳一）

洋の献立

献立を立てるとき、前菜でも主菜でも食べたいものをまず一品考え、それに合わせて他のものを考えると楽にできます。この場合はまず鰯のフリットが食べたかったので、前菜は野菜で、プリモのパスタはシンプルにトマトだけで、といった具合です。
前菜の野菜はアスパラガスに限らず、季節の緑色の野菜で考えましょう。

（116-117ページ）

アスパラガスのオリーブオイルマヨネーズ添え

[材料]4人分
アスパラガス　8本(下のほうの皮を剝く)
マヨネーズ(作りやすい分量)
　卵1個、白ワインビネガー大さじ1強、塩小さじ1、胡椒少々、オリーブオイル約1カップ

[作り方]

1　マヨネーズを作る。ミキサーに卵、ビネガー、塩、胡椒を入れて数秒攪拌する。攪拌しながらオリーブオイルを細く垂らし、ミキサーが回らなくなるまで加えていく。

2　沸騰した湯に塩を少々入れてアスパラガスを色よく茹で、一瞬冷水にとり、ざるにあげる。

3　アスパラガスにマヨネーズをつけていただく。

（116ページ）

ショートパスタのトマトソース

[材料]
フジッリ、ペンネなどショートパスタ　300g
トマトパッサータ　500mℓ
ニンニク　2片(叩きつぶす)
バジリコ　2本
粗塩　大さじ2½〜3
塩、オリーブオイル　各適量
パルミジャーノレッジャーノ　塊で1個

[作り方]
1　鍋に3ℓ以上の湯を沸かしてパスタを茹でる。

2　平鍋にニンニクとオリーブオイルを入れて中火にかけたらパッサータとバジリコを加え少し煮詰める。

3　ほどよく茹でたパスタに**2**のトマトソースを加えてよく混ぜる。
この時水分が足りなければ、茹で汁少々を混ぜる。オリーブオイルをかけて混ぜ、器に盛り付けたらパルミジャーノレッジャーノをたっぷり削ってかける。

（117ページ）

鰯とじゃがいものフリット

[材料]4人分
鰯　3〜4尾(3枚におろし、ざるに乗せ両面に塩をして冷蔵庫に30分入れ、水気を拭き取る)
じゃがいも　3〜4個(皮を剥き、くし形に切って水に10分ほど浸け、塩少々を入れた湯で5分茹でる)
粉　適量
塩漬けケイパー　大さじ2くらい(水に浸けて塩を軽く抜き水気を絞る)
オリーブオイル　適量
塩　少々
レモン　1〜2個(くし切り)

[作り方]
1　揚げ鍋にオリーブオイルを入れて中火で熱し、じゃがいもをカリッと揚げ、塩少々をふる。ケイパーもカリッと揚げる。

2　鰯に粉をまぶしてカリッと揚げる。

3　じゃがいも、鰯を皿に盛りつけ、ケイパーを散らしてレモンを添える。

7
お菓子とオリーブオイル

ケーキの生地用のオイルにオリーブオイルを使ってみましょう。
ヘルシーであるばかりでなく使いやすく美味しく
生地がしっとりそしてふんわり仕上がります。
ビーガンの友人はシュトゥルーデルをオリーブオイルで作ってくれました。
りんごがたっぷり入ってなかなかの美味しさでした。
ビスケットやスコーンなど色々に楽しめますね。
りんごや梨、葡萄やオレンジなどを使ったケーキにもオリーブオイルは大変よく合います。

オリーブオイルのケーキ　オイル風味

（127ページ）

オリーブオイルのケーキ　レモン風味

（127ページ）

（124-125ページ）

オリーブオイルのケーキ

スポンジケーキにオリーブオイルを入れ込むコツは十分に泡立てて作った生地を少量ボウルにとってオリーブオイルと混ぜ合わせ、元の生地の上にさーっと振りまくように入れてさっくり合わせることです。
一つはふんわりと焼き上げたオリーブオイルのスポンジケーキを切り分けて、シンプルにオリーブオイルをかけ、塩気の効いたグリーンオリーブの実を添えました。
甘さとしょっぱさそしてオリーブオイルのしっとりした美味しさがコーヒーにも紅茶にも、はたまたシャンパンにも合います。
もう一つは同じスポンジ生地に国産レモンをたっぷり効かせました。国産レモンの美味しい春から初夏にかけての季節限定のケーキです。
スポンジ生地にはレモン汁を入れ、上にレモンの皮のすりおろしとグラニュー糖を合わせたものをたっぷり乗せた、我が家の春ならではのケーキです。

[材料]バット（24.9×20cm）1台6切れ分
薄力粉　90g
（ベーキングパウダーと一緒に2回振るっておく）
ベーキングパウダー　小さじ⅔
卵大きめ　3個
グラニュー糖　80g
オリーブオイル　大さじ3
レモン　1個

[オリーブオイルのケーキ　オイル風味]
オリーブオイル　適量
オリーブの実の塩漬け　6個

[オリーブオイルのケーキ　レモン風味]
レモンの皮のすりおろし　1個〜2個
グラニュー糖　適量

[準備]
バットに前もってオーブンシートを敷いておく。オーブンは180℃に熱しておく。

[オリーブオイルのケーキ　1台の作り方]
1　ボウルに卵を割り入れ、湯煎にして泡立てる。グラニュー糖を3回に分けて入れ、泡立てる。卵液が温まったら湯煎から外し、卵液が冷めてもったりするまで泡立てる。

2　**1**にレモン汁を加えて更に泡だて、粉を3回に分けて加え混ぜ込む。

3　小さいボウルにオリーブオイルを入れ、生地を泡立て器一すくい分加えてよく混ぜ、生地の上に振りまくようにかけて合わせる。

4　**3**をバットに流し、オーブンで25分ほど焼き、取り出して室温に冷ます。

[オリーブオイルのケーキ　オイル風味]
5　**4**を切り分けてオリーブオイル少量をかけ、オリーブの実の塩漬けを乗せる。

[オリーブオイルのケーキ　レモン風味]
6　レモンの皮のすりおろしとグラニュー糖を合わせ、**4**のケーキ上に一面にしきつめる。切り分けていただく。

有元葉子　Yoko Arimoto

イタリアMARFUGAオリーブオイルの日本代理店主宰を務める。編集者、専業主婦を経て、料理家に。料理教室を主宰し、台所道具のシリーズ「la base（ラバーゼ）」を新潟県燕市のメーカーと共同開発、同ブランドのディレクターを務める。またYOKO ARIMOTOブランドの限定生産キッチンウェア開発に携わる。レシピ本のみならず、食を通して暮らしや生き方を見つめるエッセイなど、著書は100冊以上に及ぶ。東京、長野、イタリアに居住地点を持つ。

公式HP：https://www.arimotoyoko.com

インスタグラム：@arimotoyokocom、@chantotabeteru

文／有元葉子

Francesco Gradassi（16〜21ページ）

池田愛美（14〜18,24,26〜33ページ）

横山淳一（34〜35,40,118ページ）

撮影／Yuki Sugiura（杉浦由紀）

ブックデザイン／若山嘉代子　L'espace

校閲／玄冬書林

制作／浦城朋子　遠山礼子

販売／中山智子

宣伝／秋山優

編集／戸沼侚子　園田健也（小学館）

The landscape photogragh of cover, by MARFUGA.

美味と健康を支える魅惑のオリーブオイルの世界

オリーブオイルがある暮らし

著者／有元葉子

2024年12月1日　初版第1刷発行

発行者　石川和男

発行所　株式会社　小学館

〒101-8001　東京都千代田区一ツ橋2-3-1

電話／編集　03-3230-5112

販売　03-5281-3555

印刷所　共同印刷株式会社

製本所　株式会社若林製本工場

ISBN978-4-09-310758-7